Humor in der Mathematik

Eine unnötige Untersuchung lehrreichen Unfugs,
mit scharfsinnigen Bemerkungen, durchlaufender Seiten-
numerierung und freundlichen Grüßen von

Friedrich Wille

6., unveränderte Auflage

Vandenhoeck & Ruprecht

Mit 14 Abbildungen, 31 Schaubildern, 6 Grafiken

Bibliografische Information der Deutschen Nationalbibliothek

Die Deutsche Nationalbibliothek verzeichnet diese Publikation in der
Deutschen Nationalbibliografie; detaillierte bibliografische Daten sind
im Internet über http://dnb.d-nb.de abrufbar.
ISBN 978-3-525-40730-1
ISBN 978-3-647-40730-2 (E-Book)

© 2011, 1984 Vandenhoeck & Ruprecht GmbH & Co. KG, Göttingen/
Vandenhoeck & Ruprecht LLC, Oakville, CT, U.S.A.
www.v-r.de
Alle Rechte vorbehalten. Das Werk und seine Teile sind urheberrechtlich
geschützt. Jede Verwertung in anderen als den gesetzlich zugelassenen Fällen
bedarf der vorherigen schriftlichen Einwilligung des Verlages. –
Printed in Germany.

Druck und Bindung: Books on Demand, Norderstedt

Gedruckt auf chlorfrei gebleichtem Papier.

Inhalt

Einleitung 7

I. DIDAKTISCHES –
   Humor als Hilfsmittel zum besseren Verständnis 9

   Das Hilbertsche Hotel 9
   Das Heiratsproblem 11
   Satz von Ljusternik-Schnirelmann 13
   Kartoffelschälen 14
   Miniaturen 15
   Übungsaufgaben 18
   Zur Literatur 21

II. RANKENWERK –
   Humoristische Einkleidungen und Verzierungen 24

   Mundart 24
   Gedichte 26
   Theater 42
   Musik: Die Hauptsatz-Kantate 43

III. SCHERZE –
   Denksport und Überraschungen 54

   Denksportaufgaben und Rätsel 54
   Mathematik der kurzen Wege 66
   Psycho 67
   Versteckspiel 69

IV. PARODIEN –
   Mathematiker nehmen sich selbst auf den Arm 71

   Witze 71
   Rechnen mit Taschenrechnern 76

Arbeitsmethoden	77
Wie fängt man einen Löwen in der Wüste?	78
Kleine Einführung in die Hasematik	83
Theorie der Allgemeinheit	84
Alphabetisches Zahlenverzeichnis	87
Sprachstil: Rotkäppchen	88
Neue Mathematik	89
Anhang 1: Das Mückenproblem	92
Anhang 2: Das allgemeine Dreieck	99
Anhang 3: Das allgemeine Viereck	105
Anhang 4: Lösungen zu den Aufgaben	118
Literatur	124

Einleitung

Die Verwilderung wissenschaftlicher Sitten hat in letzter Zeit ein bedrohliches Ausmaß angenommen. So wird zum Beispiel immer wieder versucht, die Mathematik durch *Humor* aufzulockern. Ha, ha! Darüber kann man nur lachen. Welch' abwegige Idee, die ehrwürdige, ernsthafte Wissenschaft der Mathematik durch komische Wendungen, humoristische Verzierungen oder gar Witze (!) zu verwässern!
Verirrungen dieser Art, die dem Show-Denken unserer Zeit entspringen, müssen entschieden bekämpft werden, vor allem unserer Jugend wegen, die leicht durch Sirenengesänge flatterhaften Unernstes eingefangen wird und so an gefährlichen Klippen im Ozean der Wissenschaft zu scheitern droht. Nur zu schnell springen gerade junge Menschen auf solche Verlockungen an und suchen in den Niederungen des Humors primitives Vergnügen, Erholung und Entspannung. Ja, völlig irre geleitet, wird sogar behauptet, daß der Humor das Lernen, Verstehen und Behalten unterstützen könne!
Diesen beklagenswerten Tendenzen gilt es, standhaft entgegenzutreten.
Man muß den Gegner jedoch erst kennen, ehe man ihn bekämpfen kann. Aus diesem Grunde wollen wir hier einiges über Humor in der Mathematik zusammentragen. Auch der Leser wird gebeten, dem Autor möglichst viele Beispiele dieser merkwürdigen Abart wissenschaftlicher Tätigkeit zu nennen. Auf diese Weise könnte man dann z. B. einen Index von Schriften humoristischer Mathematik erstellen und diesen allen Mathematikern zusenden, damit sie genau wissen, was sie nicht lesen dürfen.
Dazu muß man natürlich versuchen, den mathematischen Humor zu klassifizieren, dem Ernst unseres Anliegens entsprechend. Wir versuchen folgende Einteilung dieser eigentümlichen Gattung mathematischer Verirrungen:

I. Humor als direktes Hilfsmittel zum besseren Verständnis
   (Didaktisches)
II. Humoristische Einkleidungen und Verzierungen
   (Rankenwerk)
III. Denksport und sonstige Überraschungen
   (Scherze)
IV. Mathematiker nehmen sich selbst auf den Arm
   (Parodien)

Zum letzten Punkt gleich ein besonders abscheuliches Beispiel:

Zwei Mathematiker stehen vor einem Kindergarten (vermutlich um ihre Kinder abzuholen). Sie sehen ein Kind hineingehen. Nach fünf Minuten kommen zwei Kinder wieder heraus. Da sagt der eine Mathematiker zum anderen: »Jetzt ist noch minus eins drinnen.«

I. DIDAKTISCHES

Humor als Hilfsmittel zum besseren Verständnis

Um den Grundgedanken dieses Abschnittes erläutern zu können, müssen wir uns leider gelegentlich auf den Standpunkt des Gegners stellen. Anders läßt sich nicht klar machen, worum es geht und wo wir mit unserer beißenden Kritik einsetzen wollen.

Es wird also behauptet, daß humoristische Einkleidungen unmittelbar das Verständnis einzelner Sachverhalte der Mathematik fördern können. Wir wollen dazu gleich ein Beispiel angeben, das als besonders gelungen gilt, nämlich:

Das Hilbertsche Hotel

Dieses Hotel, einsam und landschaftlich reizvoll gelegen, besitzt *unendlich viele Zimmer*, genauer gesagt: „abzählbar" unendlich viele Zimmer.[1] Sie sind mit den natürlichen Zahlen 1, 2, 3, ... durchnumeriert. Wir nehmen der Einfachheit halber an, daß alle Zimmer Einzelzimmer sind, wie überhaupt in der ganzen Geschichte nur von Einzelzimmern die Rede ist.

Eines Abends ist das Hotel voll belegt. In jedem der genannten Zimmer wohnt ein Gast. Da kommt ein weiterer müder Wanderer daher und bittet um ein Zimmer. Der Portier weist ihn ab, da das Hotel ja voll belegt ist. Der Wanderer ist recht verzweifelt, es regnet draußen, und er ist zum Umfallen müde.

Gerade will er sich wegwenden, da kommt der Hoteldirektor gelaufen, herrscht seinen Portier an: »Wie können Sie den Mann wegschicken?« und sagt zum Wanderer dann: »Aber selbstverständlich können wir Ihnen ein Einzelzimmer geben.«

Wie macht er das? Nun, der Leser ahnt es:

---

1 Man spricht von »abzählbar unendlich vielen« Objekten, wenn man sie mit den Zahlen 1,2,3,4, ... usw. durchnumerieren kann, wobei diese Numeriererei kein Ende nimmt.

Der Hoteldirektor bittet den Gast aus Zimmer 1 in Zimmer 2 umzuziehen, den Gast aus Zimmer 2 in Zimmer 3, den aus Zimmer 3 in Zimmer 4 usw. Die Gäste sind alle die Liebenswürdigkeit selbst und wechseln auf diese Weise die Zimmer. Zimmer 1 ist damit frei geworden. In dieses Zimmer zieht der neue Gast. Alle übrigen Gäste sind aber ebenfalls in Einzelzimmern untergebracht. Nun kommt ein Bus mit *30 neuen Gästen*. Portier winkt ab, Direktor greift ein. Natürlich werden alle Gäste um je 30 Zimmer weitergerückt, und die Busgesellschaft erhält die ersten 30 Zimmer.

Dieser Abend ist sehr unruhig, denn nun fährt ein Bus mit *abzählbar unendlich vielen Insassen* vor. Was tun? Unser braver Portier ist verzweifelt, der bewundernswerte Direktor hat aber wieder sofort eine Lösung. Sie auch? Natürlich wird wieder umgezogen. Aber wie?

Mit ausgesucht höflichen Worten und dem Versprechen eines kleinen Preisnachlasses auf das Frühstücksei, veranlaßt er die folgende Nachtwanderung: Der Gast aus Zimmer 1 zieht in Zimmer 2, der aus 2 in 4, der aus 3 in 6, kurz der Gast aus Zimmer n in Zimmer $2n$. Es bleiben die Zimmer 1, 3, 5, 7, ... frei, in die dann die abzählbar unendlich vielen Businsassen ziehen.

Schließlich kommen *abzählbar unendlich viele Busse mit je abzählbar unendlich vielen Personen* an. Unser Portier hat inzwischen gekündigt. Der unschlagbare Direktor dagegen stellt alle Businsassen in Form eines „unendlichen Rechteckes" auf dem Vorplatz auf, siehe Figur, und verteilt rote Num-

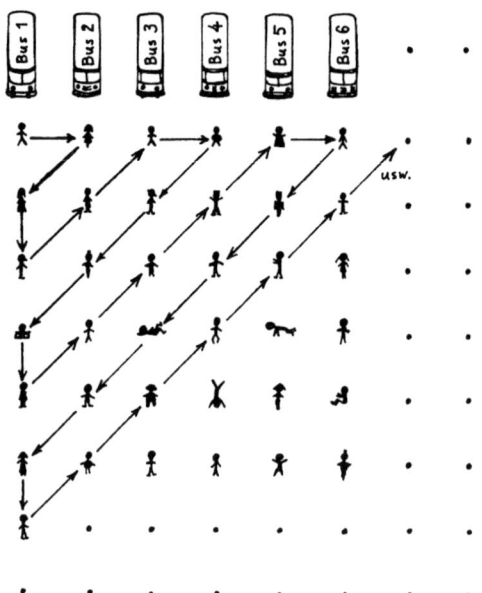

mern 1, 2, 3, ..., (an den Rockaufschlag zu heften), nach dem Cantorschen Diagonalverfahren, d.h. entlang des gezeichneten Streckenzuges.
Damit sind die neuen Gäste mit 1, 2, 3, ... numeriert, und das vorangehende Verfahren kann angewendet werden.
Zwar wird erzählt, daß einige Gäste schon gar nicht mehr ganz in ihre neuen Zimmer gegangen wären, sondern frierend oder in Decken gehüllt auf den nächsten Umzug gewartet hätten, doch muß dies als üble Verleumdung abgetan werden. Auch das Gerücht, daß der Portier anschließend schreiend in den Wald gelaufen sei und geschrien habe: »Nur kein Kontinuum, jetzt nur kein Kontinuum,« muß in das Reich der Fabel verwiesen werden.

Diese Geschichte, die insbesondere auch wegen der Leiden des armen Portiers in der Literatur kontrovers diskutiert wird, läßt sich natürlich viel kürzer darstellen, nämlich:

$$1 + \aleph_0 = \aleph_0$$
$$30 + \aleph_0 = \aleph_0$$
$$\aleph_0 + \aleph_0 = \aleph_0$$
$$\aleph_0 \cdot \aleph_0 = \aleph_0$$

(Die größte Schwierigkeit hierbei ist offenbar das Schreiben des Buchstaben »aleph«: $\aleph$. Dies scheint überhaupt eines der schwierigsten Probleme bei der Mengenlehre zu sein.)

Die Verfechter humoristischer Wendungen haben doch tatsächlich die Stirn zu behaupten, daß die vorgebrachte Erzählung von Hilberts Hotel den mathematischen Sachverhalt Anfängern besser verständlich macht, ihnen die Beweise der obigen Formeln klar macht und überdies hilft, daß die Sachverhalte nicht so schnell vergessen werden.
Soviel Abkehr vom wahren Ernst der Wissenschaft sollte man kaum für möglich halten!
Einige weitere Beispiele sollen den aufgerissenen Abgrund noch vertiefen. Zunächst ein Beispiel aus der Kombinatorik, bekannt unter dem Namen:

Das Heiratsproblem

Es dreht sich hierbei um einen kombinatorischen Satz, den wir zuerst in unverfälschter und seriöser mathematischer Form angeben, vgl. Maak [6], S. 35.

SATZ. *Sind zwei Mengen $\mathcal{A} = \{A_1, ..., A_n\}$ und $\mathcal{L} = \{B_1, ..., B_n\}$ von je n Elementen gegeben sowie eine Relation $R \subseteq \mathcal{A} \times \mathcal{L}$, so ist es dann und nur dann möglich, eine Permutation $(j_1, ..., j_n)$ der Zahlen 1, 2, ..., n so anzugeben, daß*

$$(A_i, B_{j_i}) \in R \quad \text{für alle} \quad i = 1, 2, ..., n$$

gilt, wenn für jede Teilmenge $\mathcal{A}'$ von $\mathcal{A}$ gilt, daß die Menge

$$\mathcal{L}' = \{B_k \in \mathcal{L} \mid \exists A_i \in \mathcal{A}' : (A_i, B_k) \in R\}$$

größere oder gleiche Mächtigkeit wie $\mathcal{A}'$ hat. –

Zweifellos ist jedem Leser sofort klar, worum es hierbei geht. Die Deutlichkeit der mathematischen Ausdrucksweise in obigem Satz beeindruckt unmittelbar.

Wieviel merkwürdiger ist dagegen die folgende Fassung von H. Weyl, auf die Maak in [6], Seiten 35 und 344, hinweist. Wir sind glücklich, dem Leser hiermit ein so besonders hervorragendes Beispiel unseriöser Verirrung vorstellen zu können.

Und zwar deutet H. Weyl die A_i als Jungen und die B_j als Mädchen. Man stelle sich also eine Anzahl von Jungen vor und ebensoviele Mädchen. Von jedem beliebigem Jungen und jedem beliebig herausgegriffenen Mädchen sei bekannt, ob die beiden befreundet sind oder nicht. (Dies beschreibt die Relation R). Jetzt entsteht folgendes *Heiratsproblem*:

»*Gib eine hinreichende und notwendige Bedingung dafür an, daß alle Jungen und Mädchen so heiraten können, daß nur befreundete Paare zu Ehepaaren werden!*«

Der zitierte Satz sagt nun aus, daß eine *notwendige* und *hinreichende* Bedingung zur Lösung des Heiratsproblems die folgende ist:

»Je k Jungen sind mit wenigstens k Mädchen befreundet.«

Anders gesagt: Greift man beliebige Jungen aus der betrachteten Jungenmenge heraus, sagen wir, k Jungen, so soll die Gesamtzahl aller Mädchen, die mit irgendwelchen dieser k Jungen befreundet sind, größer oder gleich k sein. Damit bekommt der obige Satz die folgende Form:

SATZ'. *Das geschilderte Heiratsproblem ist genau dann lösbar, wenn je k der betrachteten Jungen mit mindestens k Mädchen befreundet sind.*

BEWEIS. Die Notwendigkeit der Bedingung ist klar. Daß die Bedingung auch hinreichend ist, folgt durch Induktion: Für $n = 1$ ist der Satz trivial. Es sei der Satz für $1, ..., n-1$ bewiesen. Jetzt sollen n Jungen verheiratet werden. Wenn je k Jungen, mit $k \in \{1, ..., n-1\}$, mindestens $k+1$ Freundinnen haben, so verheirate man irgendeinen von ihnen mit einer seiner Freundinnen. Die übrigen $n-1$ Jungen kann man dann nach Voraussetzung verheiraten. Wenn aber gewisse k Jungen, $k \in \{1, \ldots, n-1\}$, mit genau k Mädchen befreundet sind, so lasse man alle k Jungen sich mit ihren Freundinnen verheiraten; das ist nach Voraussetzung möglich. Die übrigen $n-k$ Junggesellen erfüllen nun wieder die Bedingung des Satzes. Wären nämlich gewisse h von ihnen mit weniger als h unverheirateten Mädchen befreundet, so wären diese h Junggesellen und die k verheirateten Männer, also zusammen $k+h$ Männer, ursprünglich mit weniger als $k+h$ Mädchen befreundet gewesen, entgegen der Voraussetzung unseres Satzes. Deshalb kann man nach Induktionsvoraussetzung die restlichen $n-k$ Junggesellen auch noch verheiraten, womit alles bewiesen ist.

Der Beweis ist entnommen aus Maak [6], S. 235, und geht auf Halmos und Vaugham zurück. Der Satz wurde von Maak und Hall unabhängig gefunden. Maak selbst ist der Meinung, daß die Einkleidung des kombinatorischen Satzes als Heiratsproblem das Verständnis seiner Aussage wie des Beweises *erheblich erleichtert*. Es ist doch schmerzlich zu sehen, daß selbst hochangesehene Mathematiker von Strömungen dieser Art fortgerissen werden.
Oder was ist deine Meinung, lieber Leser. Ich nehme doch mit Sicherheit an ... Wie bitte? Das ist doch ...! Du bist der gleichen Meinung wie ...? Du bist in der Tat der Ansicht, daß die eingekleidete Fassung der abstrakten, mengentheoretischen weit überlegen ist? Sagtest du »weit«? Ihr macht es mir wirklich schwer, auf meinem Standpunkt zu beharren, vor allem, weil ich nun beinahe selbst ... also, wo ich hierbei sozusagen selbst fast ..., gehen wir besser weiter! Da wäre zum Beispiel der

Satz von Ljusternik-Schnirelmann

Überdeckt man die Oberfläche einer n-dimensionalen Kugel mit n abgeschlossenen Mengen, so liegt in wenigstens einer dieser Mengen ein Paar antipodischer Punkte. –

(s. [1], S. 487). Ein sehr schöner Satz! Um den 3-dimensionalen Fall läßt sich folgende *Geschichte* winden:

»Die USA, die UdSSR und China haben beschlossen, die Erde in Einflußgebiete untereinander aufzuteilen, um sich nicht dauernd in die Quere zu kommen. Alle übrigen Staaten, insbesondere die Europäer, erhoben lauten Protest, machten Eingaben in der UNO und versuchten überhaupt mit allen

Mitteln, diese unterdrückende Maßnahme zu verhindern. Umsonst! Was war schon gegen die drei Supermächte auszurichten?

Da machte, sagen wir einmal, ein Europäer, in der UNO folgenden Vorschlag: Wenn schon die drei Supermächte die Erde unter sich aufteilen wollen und dies nicht zu verhindern ist, so sollte doch vernünftigerweise keins der drei Einflußgebiete ein Paar antipodischer Punkte auf der Erde enthalten. Dies käme bei der heutigen Raketentechnik einem Umklammerungseffekt gleich.

Von zwei gegenüberliegenden Punkten aus ließe sich die gesamte Erdoberfläche mit Fernlenkwaffen bestreichen und unter Kontrolle bringen.

Dies schien den drei Supermächten vernünftig. Eine Kommission wurde eingesetzt, die die Erdoberfläche in Einflußgebiete der Amerikaner, der Russen und der Chinesen aufteilen sollte, wobei keins dieser drei Gebiete ein Paar antipodisch zueinander liegender Punkte enthalten durfte.

Die Kommission tagte und tagte, entwarf Plan um Plan, holte Heere von Experten herbei und strengte sich maßlos an. Jedoch nichts wollte klappen. Es konnte natürlich auch nicht klappen, da keiner von ihnen den Satz von Ljusternik-Schnirelmann kannte.«

Kartoffelschälen

Für Überdeckungen mit konvexen Mengen gilt folgender

SATZ. *Überdecken n abgeschlossene konvexe Mengen den Rand einer beliebigen beschränkten Menge des $\mathbb{R}^n$, so überdecken sie sogar die ganze Menge.*

(s. [8], Satz 1). Der dreidimensionale Fall läßt sich in der Theorie des Kartoffelschälens anwenden:

»In einem Restaurant schälen Frauen Kartoffeln zum Mittagessen. Man kann beobachten, daß sie sozusagen konvexe Stücke herunterschneiden (d. h. Stücke, die sich außerhalb der Kartoffeln konvex vervollständigen lassen). Der Restaurantbesitzer will das Schälen beschleunigen und verlangt, daß pro Kartoffel höchstens 6 Schnitte gemacht werden dürfen (Der geschälte Rest ist dann ungefähr würfelförmig). Nicht zufrieden, verlangt er einen Tag drauf, daß nur fünf Schnitte pro Kartoffel erlaubt seien, am nächsten Tag sogar nur vier und einen Tag drauf schließlich nur drei Schnitte pro Kartoffel.

An diesem Tag gibt es im Restaurant, zum Kummer der langjährigen Stammgäste, nur Reisgerichte, denn alle Kartoffeln sind weggeschält, genau wie unser Satz verkündet hat.«

Miniaturen

Einige kleinere Beispiele, in denen die Einkleidung zum besseren Verständnis beitragen soll, seien kurz genannt.

Induktion. An Hand von Dominosteinen, die hintereinander stehend in einer »Schlange« aufgestellt werden, läßt sich die Induktion sehr hübsch erläutern. Und zwar bedeutet dabei die Aussage $A(n)$: »Der n-te Dominostein fällt um«. Sind die Steine nun so aufgebaut, daß mit dem n-ten auch stets der $(n+1)$-te Stein umfällt und läßt man überdies den ersten Stein umkippen, so fallen nacheinander alle Steine um (Man muß sich die Schlange aus Dominosteinen idealisiert unendlich lang vorstellen). Diese Idee von W. Metzler wurde erfolgreich im Rahmen des FIM im Fernsehen gebracht.

Achilles und die Schildkröte. Dieses prächtige Beispiel für Konvergenz ist so bekannt, daß ich eine familiäre Abart beschreiben möchte.

Der unstillbare Durst von Kindern (und anderen Gemütern)

Meine Kinder haben, wie alle Kinder, viel Durst. Vor allem im Sommer. »Mama, ich will was trinken!« klingt es dauernd. Da verriet ich ihnen, wie man mit einer einzigen Flasche auskommen kann, und zwar sein ganzes Leben lang. Und zwar sagte ich:
»Jeder von euch nimmt sich eine volle Flasche. Hat er Durst, so trinkt er davon, sagen wir, die Hälfte des Inhaltes. Bei abermaligem Durst trinkt er wieder die Hälfte des Restes usw. So wird die Flasche nie leer und ihr habt immer zu trinken, wenn ihr Durst habt.«
Meine Kinder waren damals jünger als 8 Jahre. Zu meiner Überraschung meinten sie: »Die Flasche wird doch alle.« »Aber das kann doch nicht sein,« widersprach ich, »es bleibt doch nach jedem Trinken noch etwas darin, sie kann doch nicht alle werden!«
Die Kinder sahen das nicht ein. Zunächst meinten sie, man könne das nicht durchführen. Irgendwann einmal könne man nicht mehr den Rest halbieren und dann würde man, schlupp, alles austrinken.
Ich widersprach, indem ich ihnen klarzumachen versuchte, daß wir so tun wollten, als ob die fortwährende Teilung ohne Ende auszuführen wäre. Sie meinten immer noch, die Flasche würde leer.
Nun, dachte ich, es sind ja noch Kinder. Den hohen Abstraktionsgrad eines unendlichen Prozesses können sie halt noch nicht begreifen, die Kleinen.
Doch am nächsten Tage kam mir die Erleuchtung, und ich mußte mich vor meinen Kindern schämen, die die Dinge offenbar intuitiv viel besser durch-

schauten als ich: Natürlich gibt es eine Möglichkeit, daß die Flasche leer wird, wenn man die Trinkzeiten nicht äquidistant annimmt(wie ich unbewußt getan habe), sondern sie gegen einen festen Zeitpunkt konvergieren läßt.

Trinkt man aus einer vollen Flasche z. B. mittags um 12 Uhr die Hälfte aus, um 18 Uhr vom Rest die Hälfte, um 21 Uhr vom Rest wieder die Hälfte, um 22.30 Uhr vom Rest abermals die Hälfte, kurz, halbiert man die verbleibende Zeit bis 24 Uhr dabei stets ebenso wie den verbleibenden Flascheninhalt, so wird man in der letzten Minute, ja, Sekunde vor 0 Uhr die Flasche recht oft zum Munde führen müssen, doch ist um Mitternacht die Flasche leer.

Das haben die Kinder offenbar geahnt, ohne es präzise sagen zu können. Morgen muß ich ihnen wieder Saft kaufen. Wenn ich aber bei jedem Einkauf nur die Hälfte des Geldes ausgebe, das ich im Portemonaie habe, dann müßte doch ...

Der unglückliche Barbier. Fragt man im kleinen Ort Russelheim nach der Tätigkeit des Barbiers, so wird gesagt, dieser Mann rasiere genau diejenigen Männer des Dorfes, die sich nicht selbst rasieren. Sehr vernünftig, so scheint es. Doch entsteht die Frage: »Rasiert er sich selbst?«

Falls er sich nicht rasiert, so muß er sich nach obiger Tätigkeitsbeschreibung rasieren, dann aber darf er sich nach der gleichen Tätigkeitsbeschreibung wieder nicht rasieren.

Bekanntermaßen spiegelt sich hier eine der Russelschen Antinomien wieder.

Bergland der Analysis. Eine völlig andere Miniatur ist in nachstehender Figur zu sehen. Die wichtigen Begriffe und Sätze der Analysis I sind hier verzeichnet, wobei die einzelnen Berghöhen ein Maß für die Wichtigkeit sind. Der Hauptsatz muß selbstverständlich der höchste Gipfel sein. Im übrigen spiegelt sich hier aber auch etwas der Schwierigkeitsgrad wieder, mit dem Studenten die Dinge erfassen und begreifen. Die fünf wichtigen Definitionen in diesem Bergland (Folgenkonvergenz, Stetigkeit, Grenzwert bei Funktionen, Differenzierbarkeit, Integral) machen den Studenten erfahrungsgemäß mehr Schwierigkeiten als etwa die Regeln des Differenzierens oder Integrierens, obwohl diese für Anwendungen sicher wesentlicher sind als abstrakte Begriffsklärungen.

So soll dieses Blatt eine Lernhilfe für den Studenten sein. Beschäftigt er sich, etwa bei der Vorbereitung auf Vordiplom oder Zwischenprüfung, zunächst mit den höheren Bergspitzen, so ist er gut beraten.

Selbstverständlich lassen sich Dinge wie dieses Bergland wesentlich künstlerischer und auch noch witziger darstellen. Hier sind der Phantasie keine Grenzen gesetzt, auch nicht bei der Darstellung anderer Gebiete.

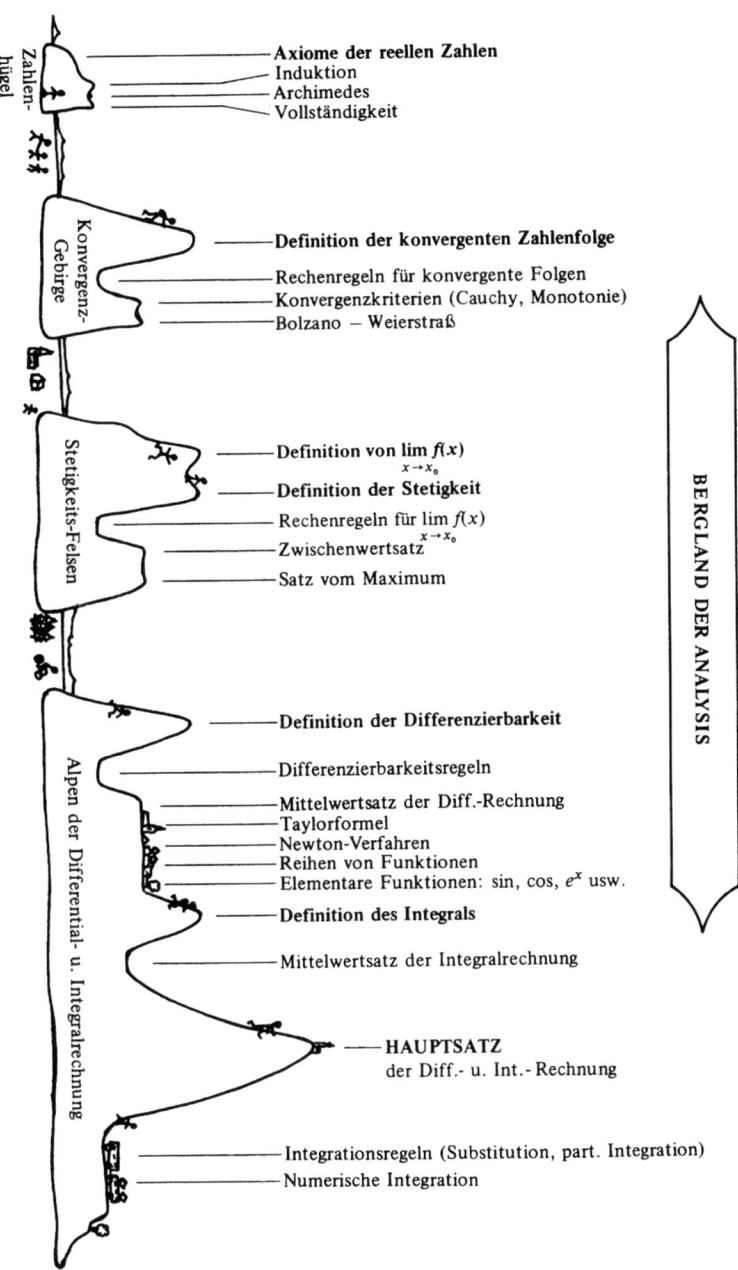

Das Mückenproblem. An dieser Stelle möchten wir nicht versäumen, auf eine Arbeit hinzuweisen, die uns kürzlich durch einen glücklichen Zufall bekannt wurde: Das Mückenproblem, von Hermann Hundertstich. An Hand der Frage »Gibt es unendlich viele Mücken?«, die zweifellos zu den wesentlichen und bewegendsten der heutigen Zeit gehört, werden Konvergenzgedanken, Ungleichungen und Grundlagenfragen in einer Tiefe erörtert, die erschreckend wirkt, vor allem auf Mücken.
Der Leser findet diese interessante und lehrreiche Lektüre im Anhang.

Übungsaufgaben

Mathematischer Stoff, den ein Professor in der Vorlesung nicht geschafft oder nicht gekonnt hat, wird gerne in die Übungen verlagert. Durch diesen verbreiteten Brauch sind große Sammlungen von Übungsaufgaben entstanden, die Studenten begleitend zu Vorlesungen lösen sollen. Hier schärft sich der junge Geist, wird aktiv und erhebt sich schöpferisch aus den Niederungen des Althergebrachten, ungeachtet der Tatsache, daß die anfangs beschriebene Art von Übungsaufgaben meisten trivial ist.
Aber auch hier droht sich der Bazillus des Humors einzunisten. Zwar darf hervorgehoben werden, daß es vielen Dozenten durchaus gelingt, die Seriösität ihrer Mathematik zu verteidigen und Humor in Vorlesung und Übung zu unterbinden, doch werden immer wieder bedauernswerte Einbrüche bekannt.
Damit der Leser diese Untiefen sicher vermeiden kann, wollen wir einige Beispiele dazu nennen und auch ein paar Bücher angeben, die er unter keinen Umständen lesen sollte.
Das erste Beispiel gilt unter unseren Gegnern – ich sage es ungern – als kleines Juwel. Es ist die berühmte Aufgabe von Rellich über

Trost und Moral in der Mathematik. *Ein Student geht auf der Weender Straße in Göttingen hinter einem Mädchen mit auffallend schönen Beinen her. Frage: In welcher Entfernung muß der Student hinter dem Mädchen hergehen, um die Beine, soweit sie unter dem Rock hervorschauen, unter dem größtmöglichen Blickwinkel zu sehen? Die Höhe des Rocksaumes über dem Erdboden sei dabei 60 cm und die Augenhöhe des Studenten 178 cm.*
Rellich pflegte hinzuzufügen: »*Der Trost dabei ist, daß die gesuchte Entfernung nicht Unendlich ist und die Moral, daß sie nicht Null ist.*«

Es wird berichtet, daß Rellich diese Aufgabe stellte, nachdem ihm von seinen Hörern vorgeworfen war, daß seine Analysis-Vorlesung anwendungsfern sei.

Die folgenden Beispiele sind sicherlich nicht so brillant, doch könnten sie manchen Fehlgeleiteten anregen, diese Dinge weiterzutreiben.

Aussagenlogik. Vielfältige und amüsante Beispiele gibt es zur Aussagenlogik, wobei besonders das Buch von »Zweistein« [27] hervorzuheben ist. Die Formulierungen sind in diesem winzigen Bändchen besonders ansprechend.

Ein Beispiel:

Beim Schulausflug schwatzten die Mädchen viel. Es war von Aki, Bauzi, Knirps und Dicki die Rede. Die Lehrerin, die sich die Unterhaltung eine Weile lang angehört hatte, fragte schließlich: »Wovon redet ihr eigentlich?« Eine Schülerin antwortete: »Von einem Mädchen, einem Jungen, einem Hund und einer Katze.« Darauf die Lehrerin: »Und wer ist was?« Die Mädchen hatten keinen Grund, das zu verheimlichen, aber allzu leicht wollten sie es ihrer Lehrerin nicht machen, deshalb gaben sie zur Antwort:
»Wenn Aki nicht der Junge ist und Bauzi nicht das Mädchen, dann ist Knirps der Hund.«
»Wenn Dicki nicht die Katze ist, dann ist, falls Aki nicht das Mädchen ist, Bauzi der Hund.«
»Mindestens eine der folgenden drei Angaben ist richtig: Knirps ist die Katze, Dicki ist der Junge, Aki ist der Hund.«
»Wenn weder Knirps noch Dicki das Mädchen ist, dann ist Bauzi der Hund.«
»Und wenn ...«
»Genug, diese Angaben reichen mir schon«, unterbrach die Lehrerin.
Wie heißen Junge, Mädchen, Hund und Katze?

Bei diesen Aufgaben ist oft besonders nett, daß zu einem Zeitpunkt, wenn der Leser noch ganz benommen ist von dem Hagel logischer Aussagen, jemand in der Aufgabe ruft: »Halt, nicht weiter, nun ist alles klar!« oder ähnliches. Was muß es doch für kluge Mitmenschen geben. Schade, daß man sie so selten trifft!

Im Buch von Freund und Sorger, [2], z. B. S. 62, 64, sind Aufgaben als Kriminalfälle verkleidet. Ein Beispiel dieses Typs ist das folgende:

Kommissar Bärenfett weiß:
a) Wenigstens einer der drei Gauner Ede, Anton oder Jim hat den nächtlichen Einbruch im Kaufhaus verübt.
b) Er weiß fernerhin: Wenn Ede und Anton nicht beide am Einbruch beteiligt waren, so ist auch Jim außer Verdacht (weil er sich nicht traut, wenn nicht beide anderen mitmachen).
c) Schließlich hat Bärenfett herausgekriegt: Ist Anton schuldig oder Jim unschuldig, dann ist auch Ede nicht der Täter.

Nach kurzen Studium der Aussagenlogik hat Bärenfett den Fall gelöst. Welche unter den genannten Gaunern sind am Einbruch beteiligt gewesen? –

Wahrscheinlichkeitsrechnung, Spieltheorie. Die Wahrscheinlichkeitsrechnung endlicher Ereignisräume ist seit jeher ein Tummelfeld amüsanter Aufgaben. Vieles findet man in den Büchern von Engel [3] (z.B. Bd. I, S. 45ff), sodaß hier darauf verzichtet werden kann. Auch verwandte Gebiete wie Kombinatorik und Spieltheorie sind mit Erfindungen dieser Art gesegnet. Ein ebenso anwendungsnahes wie hochaktuelles Beispiel zur Spieltheorie sei stellvertretend genannt:

Fußballtraining. Franz Beckenbauer und Sepp Maier üben Elfmeterschießen. Während Beckenbauer anläuft, kann Maier nicht sehen, in welche Ecke der Ball kommt. Er entschließt sich also schon vor dem Schuß, ob er in die linke oder rechte Torecke springen will.
Beckenbauer und Maier haben in langjähriger Erfahrung festgestellt: Schießt der Franz in die linke Torecke und springt Sepp ebenfalls in diese Ecke, so ergibt dies in 20% der Fälle ein Tor. Springt Maier nach links und schießt Beckenbauer in die Mitte, so ergeben 60% der Fälle ein Tor. Die übrigen Fälle sind entsprechend in der Tabelle notiert.

Torquoten		Maier springt nach	
		links	rechts
Beckenbauer schießt in die	linke Torecke	20%	90%
	Tormitte	60%	50%
	rechte Torecke	90%	10%

Tabelle der relativen Torhäufigkeiten.

1. Frage: *Mit welchen relativen Häufigkeiten q_1 bzw. q_2 muß Maier nach links bzw. nach rechts springen (und zwar unregelmäßig verteilt), um die zu erwartende Torchance (in %) minimal zu halten? Wie lautet der Wert dieser »Torchance«, d.h. die mittlere Toranzahl pro Schuß?*

2. Frage: *Mit welchen relativen Häufigkeiten p_1, p_2, p_3 muß Beckenbauer in die linke Torecke, Tormitte oder rechte Torecke schießen, um eine maximale mittlere Torausbeute (mittlere Toranzahl pro Schuß) zu erreichen? Wie lautet dies Maximum?* –

Die hier im Keim erkennbaren Methoden gehören einem neuen Zweig der Wissenschaft an, die gelegentlich als »Ballematik« bezeichnet wird. Ein Fußballverein, der sich die Ergebnisse dieser Wissenschaft frühzeitig zu eigen macht, wird zweifellos der Überraschungssieger des Jahres werden.

Zur Literatur

Weitere Möglichkeiten, den Hochschulstoff amüsant zu machen, können aus der Literatur über Unterhaltungsmathematik geschöpft werden, s. [9] bis [27].
Voran sind die Bücher und Aufsätze von Martin Gardner zu nennen. Insbesondere das in deutscher Sprache erschienene Buch »*Logik unterm Galgen*« enthält vieles, was gleichermaßen unterhaltsam wie lehrreich für Studenten ist.
Von den mir vorliegenden Büchern der Unterhaltungsmathematik kommt es verschiedenen Teilen des Hochschulstoffes besonders nahe, wie z. B. in folgenden Kapiteln:

– Die transzendente Zahl e
– Geometrische Zerlegungen
– Über Glücksspiele
– Die 4. Dimension
– Eine Spiel-Lernmaschine aus Zündholzschachteln
– Spiralen (insbesondere die archimedische Spirale)

Ferner findet man im Buch »*Mathematischer Karneval*« von Gardner

– Münzspiele (die Schließungssätze von Pappus oder Desargues unterhaltsam einkleiden),

- Pascals Dreieck (sein Zusammenhang mit Zauberkunststücken, Dreieckszahlen und Fibinacci-Zahlen. Letzteres ist manchem Mathematiker unbekannt).

In »*Kopf oder Zahl*« von Gardner will ich nur auf den Abschnitt

- Gruppentheorie und Geflechte

hinweisen, in dem „Zöpfe" jeder Art mit Gruppen in Verbindung gebracht werden.

Dem Hochschulstoff nahe stehen ferner:

R. Sprague: »Unterhaltsame Mathematik«, [24],
C. Stanley Ogilvy: »Mathematische Leckerbissen«, [20],
C. Stanley Ogilvy: »Unterhaltsame Geometrie« (Ein ungewöhnliches Lehrbuch für Schüler, Studenten und Liebhaber der Geometrie), [21]
H. Steinhaus: »100 Aufgaben«, [25].

In der hingeschriebenen Reihenfolge nimmt der humoristische Ton ab und der mathematische Gehalt zu.
In den *Zeitschriften* »*Scientific American*« und neuerdings auch in der deutschen Version »*Spektrum der Wissenschaft*« werden regelmäßig Beiträge von M. Gardner zur Unterhaltungs-Mathematik gedruckt, die häufig dem Hochschulstoff nahe stehen.
Seit Jahren findet man auch hübsche und durchaus vorlesungsnahe Beiträge in »*Bild der Wissenschaft*« unter »Mathematisches Kabinett«. Mit diesem Titel sind auch Sammelbände auf dem Buchmarkt erschienen.
Darüber hinaus gibt es viele weitere Werke, die hier ungenannt geblieben sind. Im weiteren Sinne sind dazu auch die bekannten Bücher von Tietze (»Gelöste und ungelöste mathematische Probleme«), [26], und Rademacher/Toeplitz (»Von Zahlen und Figuren«), [23], zu rechnen, die zwar nicht eigentlich humoristisch sind, jedoch in sehr ansprechender, auch für interessierte Laien verständlicher Form, Hochschulmathematik vermitteln.

Es war hier von unterhaltender Mathematik die Rede, die mit dem *Lehrstoff an Hochschulen* zu tun hat. Auf die riesige Anzahl von Denksportaufgaben und andere Scherze, häufig kleinen Kunstwerken, die sich selbst genügen und nicht um Hochschulgunst buhlen, will ich in Abschnitt III eingehen. Dabei wollen wir eine Idee für ihren Einsatz in der Hochschule erörtern. Hierunter sind zum Teil Juwele komischen sprachlichen Ausdruckes.

Eine kleine Kostprobe möchte ich hier schon geben, sozusagen als Programmvorschau. Sie entstammt Dr. Zweisteins unerschöpflichem Großhirn ([27], 92) und behandelt zweifellos brennende Fragen unserer Zeit, auf deren Beantwortung insbesondere die Landbevölkerung der Städte Hamburg, Berlin und Bramme schon lange wartet:

> *Alle Flatze sind gleich lang, und dasselbe gilt entsprechend für Knurkse, Müffs und Brekus.*
> *Wenn ein Flatz so lang ist wie zwei Knurkse und ein halber Flatz, und wenn ein Müff so lang ist wie zwei Flatze und ein halbes Müff, und wenn ein Breku so lang ist wie zwei Müffs und ein halbes Breku – wieviel Knurkse lang ist dann ein halbes Breku?«*

III. RANKENWERK -

Humoristische Einkleidungen und Verzierungen

Neben den bisher beschriebenen Beispielen unseriöser Verirrungen, in denen humoristische Form und mathematischer Gehalt eng miteinander verbunden waren, gibt es auch Machwerke, in denen die unterhaltende Verpackung nahezu unverbunden neben dem Inhalt steht. Man sollte es nicht für möglich halten, aber auch hier gibt es – nach Meinung verblendeter Humoristen – entzückende Beispiele, wie Arbeiten in Mundart, in Versen oder musikalischer Natur.

Mundart

Als erstes nennen wir eine Arbeit aus der Physik, die – Einstein sei's geklagt – sehr berühmt geworden ist, und zwar die in bayrischer Mundart geschriebene Arbeit von Jozef Filser und Ludwig Thoma [28]: über »Glassische und Gwandenschträuung fon fohnonen in Griesdahlen.«

Im folgenden geben wir die Einleitung wieder. Zwar ist dies keine mathematische Arbeit, doch werden darin so viele mathematische Fachausdrücke verwendet, wie »Eigenwecktoren«, »Oberator (wo kein Bier isd sohndern Füsig)« und »driwial«, »weshalb mir förchden mühsen, dis könnde in der Mademathik auch Schuhle machn.«

Zwar ist die Absicht, die deutschen Mundarten zu beleben, äußerst lobenswert, so daß man beispielsweise in Niederbayern an langen Winterabenden »Gwandendähori« betreiben könnte oder bei plattdeutschen Gegenstücken einsame Fischer auf der Nordsee »de Sook mit de Preemtool-Twillinge besnacken köent.« Aber mit mehr Ernst bitte! Denn gerade der Volksmund hat einen ausgeprägten Sinn dafür, wie lehrreich der Ernst ist. Dies geht schon aus dem bekannten Liede hervor: »Ach Ernst, ach Ernst, was du mich alles lernst!«

Betrefs: Glassische und Gwandenschträuung fon fohnonen in Griesdahlen*

JOZEF FILSER UND LUDWIG THOMA**

Aus dem Inschtituht für dähorehdische Füsig, zäh, der tächnieschen Hochschuhle Aachen

It is shown that classical and quantum theory give identical results for the scattering of phonons by defects in the harmonic approximation (elastic scattering).

Um es nur *einleidend* zu sagn mir ham uns dengt das mir wider lidderahrisch tetig wern mühsen***. Das wird jezt ferlangt und fahst alle füsiger riechten sich dahnach. Aber es nüzt nur bal man brofessionel füsigalisch schreibt und nichd figtschän wo doch nichz wird. Auch mechdn mir bemergen das es plos ein gans gleiner Beidrag isd was mir machn woln⁺. Aber sind fiele gleine Sachn schon gans niezlich bal man sie zusamenzelt was jäder weis schpeziel in berufsgreisen⁺⁺.

Das Brobläm was mir behahndeln isd gans driwial. Aber ham es andere Leude noch nichd bemergd⁺⁺⁺ weshalb mir es aufschreim. Es hahndelt sich um die Schträuung von Fohnonen in Griesdahlen. Und ham es schon fiele Leude fersuchd aber ihmer glassisch. Jezt, wan mahn mergt das disses Fähnomehn auch bei gans kalten Griesdahlen fon Bedäutung isd mus mahn fieleicht die Gwandendähori anschaun. Und mechden mir hier zeugen das es niechz ausmachd wodurch das die andern Füsiger wider rechd ham aber ham sie es nichd bemergd. Der Bäweihs isd gans einfach aber er get plos wan der Griesdahl hahrmohnisch isd. Sonsd gäz nichd. Balma aber hahrmohnisch rechnen darf is es driwial weil fahsd alle Rehlazionen lieneahr sind. Disses war die Einleidung wo man sagn mus warum mahn es machd.

---

* Hern brofessor Sauter mit härzlichen Winschen fon W. Ludwig und K. Thoma, (Fom amerikanischen ibbersezd fon G. Leibfried.)
** Die Autoren standen sprachlich offenbar unter dem Zwang ihrer Namenskombination. Bei dem angestrebten übernationalen Charakter der »Z.f. Physik« hielten Verlag und Redaktion es für vertretbar, das Manuskript in der bayrischen Originalfassung abzudrucken, der Sprache des Landes, in dem Prof. Sauter manche Jahre erfolgreich gewirkt hat (d. Red.).
*** Auch mechd es fiele Leude fräun das mir es deutsch aufschreim und nichd amerikanisch was dem Verstendniss hilfd.
⁺ Mergst as! Mir sind bescheuden und nichd ährgaitsig. Mir schpeckulirn nichd auf ein Nobellpreus wo es keinen bairischen gar noch nichd giebd. Aber mir ham ghert das fileicht anläslich der olümbischen Schpüle einer schtiftet werd (dahn zalt es der Buhnd) und das die feuerliche Fehrleihung im Ebersberger Gelende schtatfindet. Oder schtiftet fielleicht der Scharlz Degohl einen fir dahs gondinentahle Äuropa bis zuhm Uhraal.
⁺⁺ Vastehst! Denn fiele sind erwehlt aber nuhr wenige wern beruhfen. Deswewng isd auch das tiemwörg so nüzlich wo in den buhbligazionslihsdn mid etal abkürzt wird wo kein Glosder nichd isd sondern ladein und mährerä Auhtoren bedäudet. Wan mahn es ahlein machd zelt es nuhr einmahl.
⁺⁺⁺ Jehdenfalz ham mir nichd bemergd das ahndere es bemergd ham uhnd were disses ser schmäzlich wan es aufkommt.

Gedichte

Der nächste Irrweg, vor dem wir hier warnen wollen, ist die Unart, Mathematik in *Versen* darzustellen, ja, geradezu zu besingen. Dies reicht von Lob- und Trauerhymnen über Balladen und Moralgedichte bis hin zu Lehrgedichten. Als Vorreiter dieser Gattung mag H. Cremer mit seiner »*Carmina Mathematica*« gelten, s. [29], wobei wir aus der Vielzahl seiner Pegasusritte nur ein paar Kostproben bringen können, die dieses funkelnde kleine Werk ahnen lassen. Es folgen zwei Gedichte zur komplexen Analysis und einige weitere zur reellen Analysis.

Das Lied der Funktion $f(z)$

Ich bin aus der klassischen Schule,
und ich bekenne es frei:
Ich habe nur eine Variable
und bin ihr winkeltreu.

Ich habe nur eine Variable,
die ist so lieb und nett,
ihr bleibe ich stetig verbunden,
ihr, meinem einzigen Zet.

Ich habe nur eine Variable
(in Münster, da nennt man's »trivial«),
der bleibe ich zugeordnet
als brave komplexe Zahl.

Ich habe nur eine Variable,
die meine Schritte lenkt,
ich wandre mit ihr durch Gebiete
und bin dort mitunter beschränkt.

Mag sein, daß die Winkeltreue
mich an manchen Stellen geniert, –
doch was da auch möge passieren,
bleibt jedenfalls isoliert.

Ich habe nur eine Variable,
die lieb ich wie einst im Mai,
und bin – das läßt sich beweisen –
fast immer winkeltreu!

MONTELsche Familienklage

Ihr tuschelt mit hämischer Geste
(Ihr meint wohl, es wär mir fatal),
es sei meine arme Familie
in keinem Punkte normal.

Ich weiß Euern Spott zu ertragen,
Ihr braven Schwätzer, bedenkt:
Sie ist nicht normal, doch drum ist sie
auch nicht, wie so manche, beschränkt.

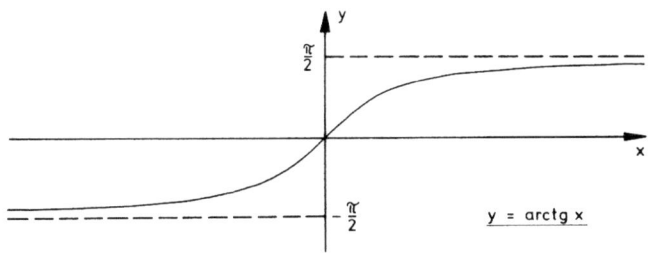

Ode an die Arcustangens-Schlange

Du schleichst seit undenklichen Zeiten
so leis und so sanft heran,
Du stiegst in Ewigkeiten
kaum um ein δ an.
Nur langsam beginnst Du zu wachsen,
wie zum Beweis Deines Seins,
erreichst beim Schnittpunkt der Achsen
Deine höchste Steigung, die Eins.
Dann duckst Du Dich wieder zierlich
in stiller Bescheidenheit
und wandelst weiter manierlich
in die Unendlichkeit.

Hier stock ich im Lobgesange,
mir schwant, er wird mir vermiest:
Oh, Arcustangens-Schlange,
beißt du nicht doch, Du Biest?!

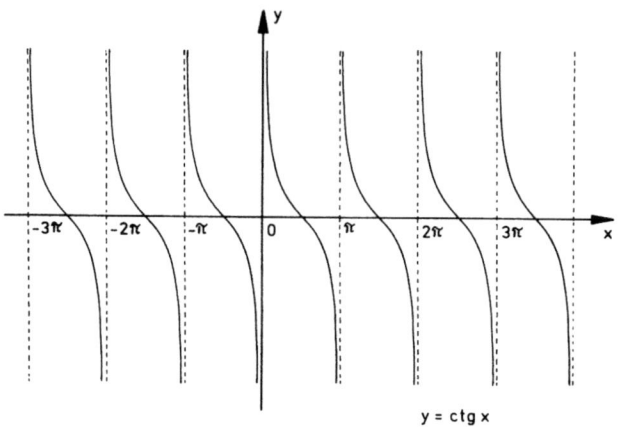

y = ctg x

Predigt an den Cotangens

Bei Dir ist alles Mahnen,
o Cotangens, vertan,
Du gleitest, hochgeboren,
hinab die schiefe Bahn.

Zwar bremst Du dazwischen Dein Sinken,
als packte Dich heilsame Reu,
doch kurz nur währt die Besinnung,
und hemmungslos fällst Du aufs neu.

Doch wenn Du bis minus Unendlich
gestürzt bist, Du haltloser Tor,
dann hebt Dich ein rettender Zauber
auf plus Unendlich empor.

Und wieder in lichten Höhen
erscheinst Du wunderbar,
doch gleicht Din n-tes Leben
dem $(n-1)$ten aufs Haar.

Du lernst nichts aus der Geschichte,
Du läufst im alten Trab,
unendlich oft wirst Du gehoben,
unendlich oft stürzt Du hinab.

Der Einer

Einst höhnten natürliche Zahlen
(sie glaubten, weiß Gott was zu sein)
den alten wehrlosen Einer;
er war ja so arm und so klein.

Da sprach der Verachtete bitter,
vom Schmerz solchen Schimpfes gebeugt:
»Ihr undankbaren Geschöpfe –
und ich hab Euch alle erzeugt!«

Die Ballade vom armen Epsilon

Die Matrix sang ihr Schlummerlied
den Zeilen und Kolonnen,
schon hält das kleine Fehlerglied
ein süßer Traum umsponnen,
es schnarcht die alte p-Funktion,
und einsam weint ein bleiches,
junges, verlass'nes Epsilon
am Rand des Sternbereiches.

Du guter Vater Weierstraß,
Du Schöpfer unsrer Welt da,
ich fleh Dich einzig an um das:
Hilf finden mir ein Delta!
Und wenn's auch noch so winzig wär
und beinah Null am Ende,
das klarste Sein bleibt öd und leer,
wenn sich kein Delta fände.

Vergebens schluchzt die arme Zahl
und ruft nach ihrem Retter,
es rauscht so trostlos und trivial
durch welke Riemann-Blätter;
die Strenge hat nicht Herz noch Ohr
für Liebesleidgefühle,
das arme Epsilon erfror
im eisigen Kalküle.

Moral:
Unstetig ist die Weltfunktion,
ihr werdet's nie ergründen,
zu manchem braven Epsilon
läßt sich kein Delta finden.

Stolz und Neid der Zahl N

Ich bin die Zahl N, bin edel und frei,
mit Recht von stolzestem Sinn,
ich stehe sehr hoch in der Zahlenreih
und weiß, wie groß ich bin.

Es ist der Zahl der Atome im All
ein Epsilon nur gegen mich,
ich bin ein ganz besonderer Fall,
das große N, eben ich!

Nur eines frißt am Nerv meines Seins
und quält mich mit ständigem Stich:
Die Nachbarin nämlich, die N + 1,
ist leider noch größer als ich.

Bedenke ich dieses, so packt mich ein Neid
erdrückendsten Gewichts:
Ich fluche auf meine Groß-N-igkeit
und wünschte, ich weste als Nichts.

Es ist Cremer zweifellos gelungen, eine Saite anzuschlagen, über die nur zu oft gedankenlos hinweggehört wird, nämlich: Was empfindet das so oft zur Arbeit herangezogene Epsilon, das doch so klein ist? Was denkt die Eins? Was fühlt das N? Wie moralisch sind die Winkelfunktionen? Kurz, Cremer hat uns die Augen geöffnet über das Gefühlsleben der Formelzeichen, ihre Nöte und Hoffnungen.

Leider muß gesagt werden, daß auch seriöse mathematische Zeitschriften der Versuchung erliegen, mathematische Verse auf den schwer geprüften Markt zu werfen. So haben die Herausgeber der »Mathematischen Zeitschrift« in einem offenkundigen Anflug partieller geistiger Umnachtung die folgende Arbeit [31] abgedruckt. Zwar enthält die Arbeit neue Ergebnisse zur Theorie der monotonen Operatoren, doch ist diese Theorie durchaus nicht so monoton, daß sie eine Aufmunterung solcher Art nötig hätte. Minty, Browder und Wilhelm Busch, die Wegbereiter dieser Theorie, seien daher um Verzeihung gebeten.

Galerkins Lösungsnäherungen bei monotonen Abbildungen

§ 1. Approximation bei stark monotonen Operatoren

Gar mancher hatte Mühe schon
mit seiner Lösungskonstruktion.
Drum haben wir uns ausgedacht
wie man es mit Galerkin macht.

X sei *reeller Banachraum*,
der außerdem, sonst klappt es
 kaum,
in uns'rer mathemat'schen Fabel
ist *reflexiv* und *separabel*.
Die Dimension ist endlich nicht,
sonst wär' zu einfach dies Gedicht.
Mit X^* wird, wie wohlbekannt,
der *konjugierte Raum* benannt.

Aus diesem folgern wir nun schon:
Zu jedem n als Dimension
gibt's einen Raum E_n in X
mit folgenden erlaubten Tricks:

$$E_1 \subset E_2 \subset E_3 \subset \cdots, \quad \overline{\bigcup_{n=1}^{\infty} E_n} = X.$$

E_n ist linear natürlich,
sonst wäre alles unmanierlich.

Die Einbettung des Raums E_n
in X mit j_n ich benenn':

$$j_n: E_n \to X.$$

j_n^*, liebe Int'ressierte,
ist die zu j_n Adjungierte

$$j_n^*: X^* \to E_n^*.$$

Nun sei der Operator T,

$$T: X \to X^*,$$

den ich als *stetigen* versteh',
im Folgenden stets *monoton*,
das heißt (wir kennen dieses schon):

$$\forall x_1, x_2 \in X:$$
$$\langle T(x_1) - T(x_2), x_1 - x_2 \rangle \geqq 0.$$

Wir wissen dabei aus Erfahrung:
die Winkelklammern sind die
 Paarung:

$$\forall y \in X^* \ \forall x \in X: \ \langle y, x \rangle = y(x).$$

Stark monoton ist unser T,
wenn Folgendes erfüllt ich seh':

$$\exists \alpha > 0 \ \forall x_1, x_2 \in X:$$
$$\langle T(x_1) - T(x_2), x_1 - x_2 \rangle$$
$$\geqq \alpha \|x_1 - x_2\|^2.$$

Auf E_n definiert man gern
die Abbildung in E_n^*

$$T_n = j_n^* \circ T \circ j_n,$$

die leichter man behandeln wird
als T, bei dem noch vieles stört.
Zum Beispiel kann T_n uns allen
durch einen kleinen Satz gefallen.

Satz 1. *T sei stark monoton
und stetig. Daraus folgt jetzt schon*

$$\forall_1^\infty n \, \exists \, x_n \in E_n: \, T_n(x_n) = 0. \quad (1)$$

*Und was auch immer sonst passiert:
Die Folge $\{x_n\}$ konvergiert:*

$$\lim_{n\to\infty} x_n = x_0, \quad (2)$$

*wobei, es ist ein Hochgenuß,
das Folgende erfüllt sein muß:*

$$T(x_0) = 0. \quad (3)$$

Beweisen muß ich diesen Käs',
sonst ist die Arbeit unseriös:

Die Zeile (1) ist weltbekannt,
weil dies bei Browder [4] schon
stand.
Man wird dort reicher noch
beschenkt:
Die Folge $\{x_n\}$ ist beschränkt.

Daraus ergibt sich, wie man sieht,

$$\forall z \in E_n: \, \langle T(x_n), z \rangle = 0, \quad (4)$$

woraus uns Folgendes erblüht:

$$\forall z \in E_n: \, \langle T(z), z - x_n \rangle \geq \alpha \, \|z - x_n\|^2. \quad (5)$$

Nun hat uns Minty schon bewiesen,
weswegen wir ihn freundlich
grüßen,
daß sich genau ein x_0 findet,
für das der Wert von T
verschwindet:

$$T(x_0) = 0.$$

In E_n muß es z_n geben,
die gegen dieses x_0 streben:

$$\lim_{n\to\infty} z_n = x_0.$$

Die Zeile (5) ergibt daher
uns Folgendes, das ist nicht schwer:

$$\|T(z_n)\| \geq \alpha (\|x_0 - x_n\| - \|z_n - x_0\|).$$

Läßt n man nach Unendlich
streben,
muß (2) und (3) sich gleich ergeben.
Damit ist unser Satz bewiesen,
das wollen wir nun froh begießen. –

Doch eh' ihr euch im Rausch
verliert,
sei Folgendes noch angeführt:
Man kann ganz leicht den Fehler
schätzen,
wenn wir mit dem Bewies'nen
setzen

$$\langle T(x_n), x_n - x_0 \rangle \geq \alpha \|x_n - x_0\|^2$$
$$\Rightarrow \|x_n - x_0\| \leq \frac{1}{\alpha} \|T(x_n)\|.$$

Ganz ähnlich, wie es hier gemacht,
hat Amann sich schon ausgedacht
die Lösungsfindung und
-erreichung
bei Hammersteins bekannter
Gleichung.

Ist T jedoch nur monoton
und nicht mehr „stark", dann muß
man schon
ein wenig angestrengter ringen,
um mit Galerkin durchzudringen.

Drum laßt uns beginnen
und Neues gewinnen,
erfinden und denken,
uns still zu versenken,
mit Logik uns lenken,
Ergebnisse schenken.

Schluß jetzt mit den poet'schen
Träumen
und her mit uns'ren Banachräumen.

§ 2. Störungen durch duale Abbildungen

Ein kluger Mann, der Asplund heißt,
uns einen schönen Satz beweist:

*Im Raume X gibt's eine Norm,
die strikt konvex und von der Form,
daß stets, wenn dieses ist erfüllt:*

$$x_n \in X, \quad x_n \rightharpoonup x_0, \quad \|x_n\| \to \|x_0\|, \quad (6)$$

die folgende Beziehung gilt:

$$\lim_{n \to \infty} x_n = x_0. \quad (7)$$

*Zugleich ist dies in X^* richtig,
was später ganz besonders wichtig.
Es ist die Norm äquivalent
zu der, die man von vorher kennt.*

Man folgert dieses ganz bequem
aus [3] vom vierten Theorem.
Die Normen, welche wir hier meinen,
sind *uniform konvex im Kleinen*.

Wenn nun noch eine Norm erscheint,
ist stets so eine Norm gemeint,
wie sie im Satze oben steht,
weil sonst es hier nicht weitergeht.

Sind X, X^*, wie ich's erträume,
gar uniform konvexe Räume,
so braucht die Norm man nicht zu ändern.
Es ist bekannt in allen Ländern,
daß stets mit (6) auch (7) gilt,
da es von vorn' herein erfüllt.

Wir machen einen kleinen Sprung
zu der dualen Abbildung

$$J: X \to X^*.$$

Es gilt für J, das schreib' ich fix,
das Folgende für alle x:

$$\langle J(x), x \rangle = \|J(x)\|^2 = \|x\|^2.$$

Herr Rockafellar schreibt dazu
in [11] mit überleg'ner Ruh'

$$x \neq y \Rightarrow \langle J(x) - J(y), x - y \rangle > 0.$$

Sie ist, in [12] erkenn' ich's freudig,
auch demistetig, eineindeutig.
Es folgt ganz ohne Hinterlist,
daß J sogar auch stetig ist:

$$\lim_{n \to \infty} x_n = x$$
$$\Rightarrow J(x_n) \rightharpoonup J(x), \|J(x_n)\| \to \|J(x)\|$$
$$\Rightarrow J(x_n) \to J(x).$$

Und schließlich ist, das hört man gern,
das Bild von J der Raum X^*.
Entsprechendes gilt für's Inverse,
drum folgt in einem kurzen Verse:
Es sind, vernehmt's in jedem Dorf,
X und X^* homöomorph.

Doch weiter nun in uns'rem Werke
mit Op'ratoren „ohne Stärke":
Es sei T *stetig, monoton*
und weiter nichts, das sagt' ich schon.

Wir stören T ein wenig nun:

$$T_a := T + aJ, \quad a > 0,$$

und sehen, ohne viel zu tun:
Für jedes a, das positiv,
ist diese Summe *koerziv*:

$$\lim_{\|x\| \to \infty} \langle T_a(x), x \rangle / \|x\| = \infty.$$

Daraus ergibt sich sonnenklar:
Es gibt ein einziges x_a,

für das T_a zum Ursprung wird,
$$T_a(x_a) = 0,$$
worin auch Browder [4] nicht irrt.
„Was", fragt der reife Leser nun,
„hat mit Galerkin dies zu tun?"
Doch kann ich diesen Hieb
parieren:
x_a läßt sich approximieren.
Drum nenn' ich euch, ich bin so frei,
an dieser Stelle den **Satz 2**:

Es sei T_a so definiert:
$$T_a := T + aJ, \quad a > 0.$$
*Dann folgt: In E_n existiert
genau ein Element x_n,
für welches ich die Gleichung kenn':*
$$j_n^* \circ T_a \circ j_n(x_n) = 0.$$
*Doch ist für uns besonders wichtig,
daß folgende Beziehung richtig:*
$$\lim_{n \to \infty} x_n = x_a, \quad T_a(x_a) = 0. \quad (8)$$

Beweisen muß ich dieses auch,
was seit Euklid ein schöner Brauch.
Das ist auch gar nicht mehr so
schwer:
Man nimmt sich eine Folge her,
die x_a stark approximiert:
$$z_n \in E_n, \quad \lim_{n \to \infty} z_n = x_a;$$
wir wissen, daß sie existiert.
Die x_n aus dem Satze hier
gibt's aber auch, das steht in [4]
in Lemma 1. Eindeutigkeit
erkennt man selbst bei Dunkelheit:
$(x \in E_n, x \neq x_n)$
$$\Rightarrow \langle T_a(x_n) - T_a(x), x_n - x \rangle > 0$$
$$\Rightarrow -\langle j_n^* \circ T_a \circ j_n(x), x_n - x \rangle > 0$$
$$\Rightarrow j_n^* \circ T_a \circ j_n(x) \neq 0.$$
Die Koerzivität ergibt:
$\{x_n\}$ beschränkt, was sehr beliebt.
Zum andern schreibt man frei
heraus
$$\forall z \in E_n : \langle T_a(x_n), z \rangle = 0$$
und rechnet damit fröhlich aus:
$$\begin{aligned}&\langle T_a(z_n), z_n - x_n \rangle \\ &\geq a \langle J(z_n) - J(x_n), z_n - x_n \rangle.\end{aligned} \quad (9)$$
Links geht's nach Null, wie leicht
ihr seht,
wenn n stramm nach Unendlich
geht.
Darum, sonst wär's schon eine
Pleite,
strebt auch nach Null die rechte
Seite.
Herr Browder schenkt uns weit're
Trümpf'
in [6] auf Seite 105.
Dort folgt für x_n, man erkennt's,
mit (9) die schwache Konvergenz
$$x_n \rightharpoonup x_a. \quad (10)$$
Zum andern kalkuliert man leicht
$$\begin{aligned}&\langle J(z_n) - J(x_n), z_n - x_n \rangle \\ &\geq (\|z_n\| - \|x_n\|)^2,\end{aligned}$$
wodurch man alsobald erreicht:
$$\|x_n\| \to \|x_a\|. \quad (11)$$
Aus (10) und (11) ergibt sich (8).
Damit ist der Beweis erbracht. —

§3. Monotone, ein wenig koerzive Operatoren

Bevor zum Höhepunkt wir kommen,
sei kurz ein **Lemma**chen vernommen:

$$T(x_0) = T_a(x_a) = 0 \Rightarrow \|x_a\| \leq \|x_0\|.$$

Beweisen kann man dieses leicht,
wozu uns etwas Rechnung reicht:

$$\langle T_a(x_0) - T_a(x_a), x_0 - x_a \rangle$$
$$\geq a \langle J(x_0) - J(x_a), x_0 - x_a \rangle$$
$$\Rightarrow \langle aJ(x_0), x_0 - x_a \rangle$$
$$\geq a \langle J(x_0) - J(x_a), x_0 - x_a \rangle$$
$$\Rightarrow \quad 0 \geq \langle J(x_a), x_a - x_0 \rangle$$
$$\Rightarrow \langle J(x_a), x_0 \rangle \geq \|x_a\|^2$$
$$\Rightarrow \quad \|x_0\| \geq \|x_a\|. \; -$$

Es folgt daraus mit leichtem Schwung

$$\left(a_1 \geq a_2 \geq a_3 \geq \cdots > 0, \underset{1}{\overset{\infty}{\forall}} k : T_{a_k}(x_k) = 0\right)$$
$$\Rightarrow (\|x_1\| \leq \|x_2\| \leq \|x_3\| \leq \cdots).$$

Wir seh'n es mit Befriedigung.

T, welches *stetig monoton*,
das wissen wir nun alle schon,
sei zusätzlich, sonst geht es schief,
ein *ganz klein wenig koerziv*:

$$\|x_n\| \to \infty \Rightarrow \{T(x_n)\} \text{ divergent}.$$

Daraus erkennt der kluge Mann,
daß einen Punkt er wählen kann,
für welchen T total verschwindet:

$$\exists x \in X : T(x) = 0, \quad (12)$$

was man in [10] bewiesen findet.

Und alle x, die (12) erfüllen,
ein wichtiges Verlangen stillen:
Sie bilden eine Menge N,
für die ich Eigenschaften kenn';
sie ist, vernehmt es unverdrossen,
nicht leer, konvex und *abgeschlossen*.

Zu zeigen ist Konvexität,
was ziemlich leicht zu machen geht:

$$\left.\begin{array}{l} x_1 \in N \\ x_2 \in N \\ 0 < \lambda < 1 \end{array}\right\}$$
$$\Rightarrow \begin{cases} \lambda \langle T(x), x - x_1 \rangle \geq 0 \\ (1-\lambda) \langle T(x), x - x_2 \rangle \geq 0 \end{cases}$$
$$\Rightarrow \begin{cases} \langle T(x), x - z \rangle \geq 0 \\ z = \lambda x_1 + (1-\lambda) x_2. \end{cases} \quad (13)$$

Aus (13) folgt, wie Browder lehrt,
daß z zur Menge N gehört,
was ohne Umweg und Gehex'
bedeutet schlicht: N ist konvex.

Und daraus folgt, das freut uns sehr:
Es gibt in N, das ist nicht schwer,
ein einzig' x_0, wie gewitzt,
das minimale Norm besitzt:

$$\|x_0\| = \min_{x \in N} \|x\|.$$

Nun laßt uns eine Pause machen
und über das Erreichte lachen,
die Gläser erheben,
doch weiter dann streben
und nicht mehr verweilen,
ein wenig noch feilen,
in einigen Zeilen
das Ende ereilen.

Und damit, Freunde, kommt am Schluß
der casus cnactus criticus,
der kurz und knapp beschrieben sei
in dieser Arbeit als **Satz 3**:

$$((T + aJ)(x_a) = 0, a > 0)$$
$$\Rightarrow (\lim_{a \to 0} x_a = x_0, T(x_0) = 0). \quad (14)$$

Das heißt, ich will dies explizieren:
Man kann x_0 approximieren
durch Punkte x_a, welche man
mit Galerkin berechnen kann.

Zur Konvergenzgeschwindigkeit
herrscht Stille noch und
                      Schweigsamkeit.
Satz 3 will schließlich ich beweisen,
das Ende damit einzukreisen.

Nimm an, es gelte leider nicht,
was (14) uns so kühn verspricht.
Dann wähle eine Folge aus,
die dies erfüllt, oh Schreck und
                              Graus:

$$(T + a_n J)(x_{a_n}) = 0$$

$$\liminf_{n \to \infty} \|x_{a_n} - x_0\| > 0, \quad (15)$$

$$\lim_{n \to \infty} a_n = 0,$$

$$\overset{\infty}{\underset{1}{\forall}} n: \ a_n > a_{n+1} > 0.$$

Zum anderen gilt unbedingt

$$\langle T(x) - T(x_{a_n}), x - x_{a_n} \rangle \geq 0, \quad (16)$$

wobei noch Folgendes gelingt:

$$\|T(x_{a_n})\| = a_n \|J(x_{a_n})\|$$
$$= a_n \|x_{a_n}\| \leq a_n \|x_0\| \to 0 \quad (17)$$
$$(n \to \infty).$$

Wir nehmen ferner an behend',
daß $\{x_{a_n}\}$ schwach konvergent:

$$x_{a_n} \rightharpoonup z \quad (n \to \infty).$$

(Gilt dieses nicht von Hause aus,
such and're Folgen dir heraus.)
Aus (16), (17) folgt sogleich

$$\forall x \in X: \ \langle T(x), x - z \rangle \geq 0,$$

womit ich alsobald erreich':
$(x - z = t w, t > 0)$
$$\Rightarrow \langle T(z + t w), w \rangle \geq 0,$$
$$t \to 0 \Rightarrow \forall w \in X: \ \langle T(z), w \rangle \geq 0$$
$$\Rightarrow T(z) = 0.$$

Nach diesen so gepflanzten
                             Wurzeln
uns nun die Resultate purzeln:

$$\left. \begin{array}{l} x_{a_n} \rightharpoonup z \\ \|x_{a_1}\| \leq \|x_{a_2}\| \leq \cdots \leq \|z\| \end{array} \right\}$$
$$\Rightarrow \|x_{a_n}\| \to \|z\|$$
$$\Rightarrow x_{a_n} \to z,$$

$$\left. \begin{array}{l} \|x_0\| = \min_{x \in N} \|x\| \leq \|z\| \\ \|x_{a_1}\| \leq \|x_{a_2}\| \leq \cdots \leq \|x_0\| \end{array} \right\}$$
$$\Rightarrow \|x_0\| = \|z\|$$
$$z \in N$$
$$\Rightarrow x_0 = z,$$
$$\Rightarrow \lim_{n \to \infty} x_{a_n} = x_0.$$

Damit ist (15) widerlegt
und als verkehrt vom Tisch gefegt.

Nun können wir zum Glase greifen
um Saft von Reben, möglichst
                               reifen,
in unsern Kopf hineinzugießen,
denn jetzt ist alles voll bewiesen. —

Zum Schlusse möcht' ich nicht
                            versäumen
bei diesen mathemat'schen Reimen
noch einem Herren sehr zu danken
für Anregungen, die nicht wanken,
die manche Schwierigkeit gebannt.
Er ist in aller Welt bekannt
vom Nordmeer bis zum Hindu-
                                kusch,
der alte Meister: Wilhelm Busch.

Literatur

Was andere hierzu getrieben,
sei kurz notiert und aufgeschrieben.

 1. Amann, H.: Zum Galerkin-Verfahren für die Hammersteinsche Gleichung. Arch. Rat. Mech. Analysis **35**, 114–121 (1969).
 2. Amann, H.: Über die Konvergenzgeschwindigkeit des Galerkin-Verfahrens für die Hammersteinsche Gleichung. Arch. Rat. Mech. Analysis **37**, 33–47 (1970).
 3. Asplund, E.: Averaged norms. Israel J. Math. **5**, 227–233 (1967).
 4. Browder, F. E.: Existence and uniqueness theorems for solutions of nonlinear boundary value problems. Proc. Symp. Appl. Math., Vol. **17**, Amer. Math. Soc., Providence, R. I., 24–49, 1965.
 5. Browder, F. E.: Multivalued monotone nonlinear mappings and duality mappings in Banach spaces. Trans. Amer. Math. Soc. **118**, 338–351 (1965).
 6. Browder, F. E.: Nonlinear maximal monotone operators in Banach space. Math. Ann. **175**, 89–113 (1968).
 7. Busch, W.: Humoristischer Hausschatz. 26. Aufl. Stuttgart: Bassermann-Verlag, 1964.
 8. Euklid: Elemente. Alexandria, 300 v. Chr.
 9. Minty, G. J.: Monotone (non-linear) operators in Hilbert space. Duke Math. J. **29**, 341–346 (1962).
10. Rockafellar, R. T.: Local boundedness of nonlinear, monotone operators. Michigan Math. J. **16**, 397–407 (1969).
11. Rockafellar, R. T.: On the maximality of sums of nonlinear monotone operators. Trans. Amer. Math. Soc. **149**, 75–88 (1970).
12. Wille, F.: Monotone Operatoren mit Störungen. Erscheint in Arch. Rat. Mech. Analysis 45–47 (1972).

Durch Zufall ist uns ein weiteres Exemplar dieser fehlgeleiteten Gattung in die Hände gelangt. Es handelt sich um ein Fragment, welches offenbar ein Kapitel aus einem Analysis-Lehrgang darstellt und neben Bierkrügen im »Schwarzen Bär« gefunden wurde.
Nicht auszudenken, wenn so etwas in die Hände unreifer Kinder oder Studenten fiele! Sie könnten trockene Systematik glatt hinterfragen. Ein düsteres Bild!
Um hemmungslosen Tendenzen dieser Art entgegenzuwirken, soll das Fragment im folgenden abgedruckt werden. Auf diese Weise kann jeder Verantwortliche an Abgründen dieser Art vorbeisteuern und verhindern, daß so etwas in die Hände von Jugendlichen gelangt. Denn es gilt der bekannte Satz: »Willst du etwas geheimhalten, dann veröffentliche es!«

Zahlenfolgen

Will man Analysis betreiben,
muß man gelegentlich was schreiben;
wir schreiben daher zu Beginn
uns ein paar schlichte Zahlen hin:

$$1, \frac{1}{2}, \frac{1}{3}, \frac{1}{4}, \frac{1}{5}, \ldots \qquad (1)$$

Wie rechts es immer weiter geht,
sich sicherlich von selbst versteht:
Ein sechstel steht an sechster Stell,
an siebter dann ein siebentel,
und was nun niemand mehr verwundert:
ein hundertstel steht bei Platz hundert.
Kurzum, an n-ter Position,
das wissen wir jetzt alle schon,
muß stets die Zahl ein n-tel steh'n,

$$\frac{1}{n}.$$

Wie schön, wie schön, wie schön, wie schön!

Das, was soeben hier beschrieben,
wo ihr gefolgt seid mir, ihr Lieben,
wird eine *Folge* kurz genannt
von Bayern bis zur Waterkant.

Auch bei den nächsten Folgen hier
reicht wieder rechts nicht das Papier:

$$\frac{1}{2}, \frac{1}{4}, \frac{1}{8}, \frac{1}{16}, \ldots \qquad (2)$$

$$2, 4, 6, 8, \ldots \qquad (3)$$

$$-1, 1, -1, 1, -1, \ldots \qquad (4)$$

$$1, \frac{2}{3}, 1, \frac{4}{5}, 1, \frac{6}{7}, 1, \ldots \qquad (5)$$

(Man füg' an jeder, wenn man kann,
zum Spaß sechs weit're Zahlen an!)

Ganz allgemein schreibt Folgen man
in folgender Gestalt gern an:

$$a_1, a_2, a_3, \ldots, a_n, \ldots$$

wie auch auf etwas kürz're Art

$$(a_n),$$

wobei man gleich Papier einspart.

Die Folgen (1) bis (4) erhalten
auf diese Weise die Gestalten

$$\left(\frac{1}{n}\right), \left(\frac{1}{2^n}\right), (2n), ((-1)^n),$$

dieweil die fünfte Folge man
z.B. so beschreiben kann:

$$a_n = \begin{cases} 1 & \text{, falls } n \text{ ungerade} \\ \dfrac{n}{n+1} & \text{, falls } n \text{ gerade.} \end{cases}$$

Wie ich mir eine Folge mal'
ist letzten Endes ganz egal,
sofern man nur dabei begreift,
wie diese läuft und läuft und läuft,

$$a_1, a_2, a_3, \ldots, a_n, \ldots,$$

d.h. wie jedem n dabei
ein a_n zugeordnet sei.
Das n durchläuft vergnügt und heiter
dabei die ganze Zahlenleiter
1, 2, 3, 4, 5, … usw.
Nun sind wir schon ein Stück gescheiter.

Die Zahlenfolgen laufen, laufen,
fast wie beim Sommerschluß-Verkaufen.
Was hat das nur für einen Sinn?
Wo laufen denn die Folgen hin?

Gar manche machen wilde Sprünge
und and're ausgeflippte Dinge,
Doch einige, in stiller Ruh,
sie »streben einem Grenzwert zu«.

Sie »konvergieren«, sagt man auch
(das ist schon lange Zeit so Brauch).
Was aber heißt, »sie konvergieren?«
Das will ich kurz euch definieren:

*Man sagt, es konvergiert (a_n)
zum Grenzwert, welchen a ich nenn',
wenn, wie skizziert im rechten Bild,
die folgende Bedingung gilt:*

»*Zu jeder positiven Zahl
– ich nenn sie ε einmal –
gibt es ein positives N,
für das ich folgendes erkenn':*

$\forall n > N: |a_n - a| < \varepsilon$.«

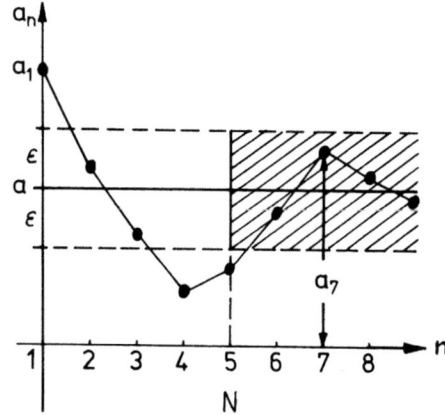

In Formelzeichen, wie durchtrieben,
wird dies erstaunlich kurz beschrieben:

$$\lim_{n \to \infty} a_n = a.$$

Auch wird dies so symbolisiert:

$$a_n \to a \text{ für } n \to \infty,$$

wie auch in Kurzform aufnotiert:

$$a_n \to a.$$

So einfach alles dies gesagt,
so schwer sich mancher damit plagt.
Drum lieber Leser, sei recht pfiffig,
und mach' dir's an Exempeln griffig.

Zum Beispiel Folgen (1) und (2),
sie streben munter, eins, zwei, drei,
zum Grenzwert Null, das sieht man schon.
Prüf's nach mit N und ε.

Bei (3), (4) ist man angeschmiert,
weil überhaupt nichts konvergiert.
Guckt man sich auch die Augen aus,
kein Grenzwert springt dabei heraus.
Man möchte fast den Mut verlieren,
denn diese Folgen »*divergieren.*«

Die Folge (5) dagegen strebt,
was uns're Stimmung merklich hebt,
zum Grenzwert 1, ihr sei's gedankt,
obwohl sie dabei etwas schwankt.

Der Leser such' sich weit're Fälle,
jongliere sie wie Zirkusbälle,
hol' N und ε herbei,
vermische dies zu einem Brei,
der klumpenfrei ist, schlank und glatt,
bis alles er verstanden hat.

Der junge Math'matik-Student,
der dies begriffen hat und kennt,
der hat ein sich'res Fundament,
wenn frohgemut er weiter rennt.

Hier endet plötzlich das Fragment. Wenn weitere Teile auftauchen, ist äußerste Vorsicht geboten.

Auch die Informatik wurde von dieser Welle erreicht. Da sie der Mathematik nahe steht, ja, recht eigentlich ihr Kind ist, seien einige Verse von Klen aus »Palmström als Programmierer« (S. 16, 21) [30] angefügt. Wer seinen Christian Morgenstern kennt (oder im Bücherschrank hat), wird unschwer die reizvolle Umspielung der Originale erkennen. Dem Autor dieser Verse (Wer ist es wohl?) danke ich für die Überlassung dieser Gedichte.

Das Mammutprogramm

Wenns Samstag Nacht ist und der Mond
das Rechenzentrum still bewohnt,
dann schleicht vom Speicher heimlich klamm
    das Mammutprogramm.

Es stopft die ganze CPU,
Peripherie und Speicher zu ...
Und ruhig rechnet wie ein Lamm
    das Mammutprogramm.

Der Op'rateur, sein böser Geist
ist nämlich wochenends verreist.
Wohl ihm! Bald stehts schon in der ZAMM
    das Mammutprogramm.

Die Intervallschachtelungen

Es konvergieren Intervall-
  Schachtelungen überall.
   Nach wen'gen Termen
    sieht man schon.
     den Fehler
      kleiner
      Epsi-
       lon
       ε

Es gibt noch eine ganze Reihe weiterer mathematischer Ergüsse in Versen. Noch ist keine Vollständigkeit erreicht, doch soll hieran hart weitergearbeitet werden. Darum bitte ich alle Leser um Informationsspenden, damit wir gemeinsam dieser Flut Herr werden.

Theater

Als weitere Form, neben den genannten, ließen sich auch kleine *Theaterstücke* denken, in denen beispielsweise der Bösewicht dauernd mathematische Sätze und Schlüsse bezweifelt, und der Held der Handlung ihn schließlich über alle Tücken von Fehlschlüssen, Antinomien und Gegenbeispielen hinweg scharfsinnig in die Flucht schlägt.

Zum Beispiel:

BÖSEWICHT: Jeder Winkel auf dem Thaleskreis soll ein rechter sein? Ha! Da lachen ja die Hühner!

HELD: Du wirst für diese Lästerung noch teuer bezahlen. Ergänze das Dreieck über die Hypothenuse hinaus zum Parallelogramm, und was siehst du? Ja, da wirst du blaß!

BÖSEWICHT: Nicht dein nichtsnutziges Geschwätz läßt mich erblassen, sondern der Zorn über diesen Unfug. Hat denn jedes Parallelogramm rechte Winkel? Antworte, wenn du Mut dazu hast.

HELD: Nicht jedes, aber dieses, denn – jetzt kommt's – die Diagonalen sind gleich lang! Daraus folgt: Das Parallelogramm ist ein Rechteck.

BÖSEWICHT: Das beweise mir mal! Nimm beispielsweise ein Parallelogramm auf der Erdoberfläche, du Einfaltspinsel ...

usw. Man kann auch noch das weibliche Element hineinbringen, indem man dem Sieger beispielsweise als Lohn die Heldin zuführt oder sie an entscheidender Stelle sagen läßt: »Wenn ihr mit eurer blöden Fachsimpelei nicht bald aufhört, gehe ich nach Hause.«

Dies sind zwar erst zarte Ansätze, doch sind sie zweifellos vielversprechend! Goethe und Gauss, Hebbel und Hilbert, Brecht und Brouwer, Nestroy und Noether, was für ein fruchtbarer Urquell für das deutsche Theater. Mir schwindelt's!

Musik

In dem an sich lobenswerten Streben, der Didaktik neue Wege zu weisen, wird auch vor der Musik nicht halt gemacht.
So bieten sich Formen wie Oper, Lied und Kantate an. Insbesondere scheint die Form einer Kantate oder eines Oratoriums für die Mathematik sehr günstig zu sein.
Lehrsätze kann man dabei in Form von Chorälen bringen, fest gefügt und würdevoll einherschreitend.
Beweise lassen sich zwanglos als Rezitative darstellen, etwa mit Schlußwendungen wie dieser:

In den Arien schließlich können Bemerkungen und Anwendungen besungen werden, wie auch lobende Begeisterungsrufe oder Kritik, z.B.

>*»Oh, wundervolles Theorem,*
>*so lernsympatisch, schreibbequem,*
>*ich singe froh dir Lob und Preis,*
>*doch falsch ist leider dein Beweis.«*

oder ähnliches.

Hiervon angeregt wurde kürzlich ein Stück Analysis vertont, und zwar der *Hauptsatz der Differential- und Integralrechnung*. Die Uraufführung der *Hauptsatz-Kantate* fand am 15.2.1980 in Kassel auf der Semesterabschluß-Féte des Fachbereiches Mathematik statt. Spitze Begeisterungsschreie und heisere Da-capo-Rufe ließen jedoch den notwendigen Ernst vermissen.

Für den interessierten Leser ist die Kantate im folgenden abgedruckt, damit er sie sich mit Freunden erarbeiten kann und somit erkennt, wovor man andere schützen muß.

Friedrich Wille

HAUPTSATZKANTATE

Vertonung des Hauptsatzes
der Differential- und Integralrechnung
nebst Beweis, Anwendungen und historischen Bemerkungen

für vierstimmigen Chor, Mezzosopran-, Tenor-Solo und Klavier

Aus: Friedrich Wille, Humor in der Mathematik, 4. Auflage 1992. © Vandenhoeck & Ruprecht, Göttingen.
Der Ankauf von mindestens vier Exemplaren dieses Bändchens berechtigt zur Aufführung der Hauptsatzkantate.

Choral (der Hauptsatz): Sopran, Alt, Tenor, Baß

1. Es sei f steti-ge Funktion auf einem Intervall. Dann existiert von a bis x dazu das Integral. Faßt x man als variabel auf, erhält man hohen Lohn: Dies ist von f die allerschönste Stamm-funk-tion.

2. Das Integral von a bis b errechnet man nun leicht:
Mit einer Stammfunktion von f ist's alsobald erreicht.
Man subtrahiert in b und a – das ahnen alle schon –
die Werte dieser (wunder-)schönen Stammfunktion.

Rezitativ (Beweis des Hauptsatzes)

Tenor-Solo und Klavier

Quod erat

Chor: Sopran, Alt, Tenor, Baß

Moderato

Arie (Anwendungen)

Mezzosopran-Solo und Klavier

Adagio

Wiederholen bis A, dann Coda

Zwischenspiel

2. Jetzt kann man
die Probleme lösen
für die Gu-
ten und auch für die Bösen
Substituieren, ...

3. Leibniz und
Newton sei'n gepriesen,
daß sie uns
auf diesen Weg gewiesen.
Substituieren, ...

III. SCHERZE –

Denksport und Überraschungen

Denksportaufgaben und Rätsel

Unterhaltsame und originelle Aufgaben gibt es wie Sand am Meer. Sie wollen nichts anderes als amüsant sein, den Leser überraschen und ihm eine Freude machen, wenn er die Lösung gefunden hat. Hierunter finden sich häufig Juwele mathematischer Kleinkunst. Dabei kann ihr Reiz in Verschiedenem bestehen, wie z.B. in

- überraschender Fragestellung,
- überraschender Antwort
- großer Sparsamkeit der Voraussetzungen, sodaß eine eindeutige Lösung unmöglich scheint,
- hübscher Einkleidung in eine Geschichte,
- origineller Formulierung,
- reizvoller begleitender Zeichnung.

Es widerstrebt ungeheuer, diesen duftigen Stoff zu zergliedern und seine fröhliche Leichtlebigkeit durch Systematik zu zerstören. Wir wollen uns daher damit begnügen, zu obigen Richtungen einige Beispiele auszusuchen und festzustellen, daß Probleme zu folgenden mathematischen Stichworten häufiger auftreten:

- Flächenzerlegungen (vor allem bei Loyd [17, 18])
- Aussagenlogik (vor allem bei Zweistein [27])
- Auflösung von Gleichungen (Zwei Esel stöhnen unter der Last ihrer Säcke. Sagt der eine: »Gibst du mir einen Sack, trage ich doppelt soviele Säcke wie du.« Darauf der andere: »Gibst du mir aber einen, so tragen wir gleich viele Säcke.«)
- Graphentheorie (Königsberger Brücken u.a.)
- Kombinatorik, Wahrscheinlichkeitstheorie.

Daneben kommen noch viele andere Typen vor, wie zur Knotentheorie, Gruppentheorie, Geometrie u.a. Dagegen ist Analysis selten vertreten. Zu beiden Stichwortmengen, die sozusagen quer zueinander liegen, wollen wir in lockerer Form Beispiele angeben, ohne uns dabei allzusehr festzulegen. Zu den mit Ziffern versehenen Aufgaben geben wir Lösungen im Anhang an. Beginnen wir mit Sam Loyd, dem Meister der Zerlegungsaufgaben, [18].

Kreuz und Halbmond

[1] *Zerschneiden Sie den Halbmond, um daraus ein Kreuz zu machen.*

So erstaunlich es klingen mag, so ist es doch möglich, den oben gezeigten Halbmond in nur sechs Stücke zu zerschneiden, die, wieder zusammengefügt, ein perfektes griechisches Kreuz bilden. Das Kreuz ist in verkleinerter Form über dem Haupt der Göttin eingezeichnet. Bei der Bildung des Kreuzes ist es erfor-

derlich, eines der Teile umzudrehen. [*Beachten Sie die gerade Linie an jeder Ecke des Halbmonds und die Tatsache, daß seine beiden Bögen mit denen eines Kreises gleicher Größe identisch sind. – M.Gardner*]

Mit den griechischen Kreuzen hat er's. Der Reiz des Bildes liegt darin, daß eine exakt gezeichnete geometrische Figur jugendstilartig umspielt wird, daß sie sich fast natürlich einbettet, aber eben nur *fast*! Erst bei näherem Hinsehen wird man dadurch irritiert, daß die geometrische Figur doch wie ein Fremdkörper wirkt. Dies ist auch bei den nächsten beiden Aufgaben der Fall.

Die Rote-Kreuz-Schwester

[2] Teilen Sie ein griechisches Kreuz in die geringste Anzahl Stücke, aus denen sich zwei griechische Kreuze gleicher Größe bilden lassen.

Im gesamten Rätselbereich gibt es nichts Faszinierenderes als die Aufgaben, die mit der Form des griechischen Kreuzes und seiner merkwürdigen Beziehung zum Quadrat, zum Parallelogramm und zu anderen symmetrischen Figuren in Zusammenhang stehen. Im Unterschied zur altbekannten Aufgabe, das Kreuz

durch die geringste Anzahl Schnitte in ein Quadrat umzuwandeln, geht es hier einmal um ein anderes hübsches Problem: aus einem Kreuz zwei zu machen. Es hat den Anschein, als hätte einer unserer tapferen Jungs in Blau, nachdem er von der treuen Rote-Kreuz-Schwester gesund gepflegt wurde und in die Heimat zurückgekehrt ist, zur Erinnerung um das Rote-Kreuz-Abzeichen an ihrem Arm gebeten. Und sie, die treue Seele, nahm ihre Schere und zerlegte das Kreuz durch einige rasche Schnitte in mehrere Teile, die sich zu zwei Kreuzen gleicher Größe anordnen ließen. Hierbei geht es um einen einfachen, aber hübschen Trick, und wenn Sie herausgefunden haben, wie er funktioniert, werden Sie darüber genauso froh sein, als hätten Sie einen Preis gewonnen (nach Loyd [18]).

Hierin macht nicht nur die Zeichnung Spaß, die ein wenig steif um das griechische Kreuz auf dem Arm der Schwester gruppiert ist, sondern auch die reizvolle Erzählung um den Grund der Zerschneidung. Schließlich sorgt die Krankenschwester für totale Verblüffung, wenn sie rasch, schnipp, schnapp, ein solches Problem löst, an dem andere möglicherweise etwas länger arbeiten.

Die Schlacht der vier Eichen

[3] *Teilen Sie das Feld in vier gleich große Teile, mit je einem Baum darauf.*

Die Stadt Vier-Eichen erhielt ihren Namen von einem Rechtsstreit, der als »Schlacht der vier Eichen« in die Geschichte einging. Dabei hatten vier Söhne ein großes Stück Land geerbt, das so unter ihnen aufgeteilt werden sollte, daß auf jedem Teil einer der vier großen Eichbäume stehen sollte. Da sonst kein Hinweis über die Teilung aufzufinden war, zerstritten sich die Brüder und verschleuderten dabei schließlich den gesamten Besitz. Diese Geschichte regte mich zu folgendem Rätsel an.
Im Bild sehen Sie einen quadratischen Garten mit vier alten Eichbäumen darauf. Denkt man sich den Garten wie ein Schachbrett eingeteilt (angedeutet durch die Zaunpfähle), so steht jeder Eichbaum in der Mitte eines Schachfeldes. Die vier Schachfelder mit den Bäumen bilden ein schmales Rechteck, vier Felder lang und ein Feld breit, welches mit einer Ecke genau in der Gartenmitte liegt. Der Besitz war vier Söhnen vermacht, die angehalten waren, das Stück Land in vier Teile zu teilen, alle von gleicher Form und Größe und alle mit je einem Baum darauf. Das Rätsel entstand sozusagen aus dem Stegreif, aus einer momentanen Eingebung heraus, und ist wirklich nicht sehr schwierig. Trotzdem darf man

schon jetzt sagen, daß nicht jeder die bestmögliche Antwort finden wird (nach Loyd [17]).

Aufgabe und Lösung sprechen für sich.

Der superschlaue Alec

[4] *Schneiden Sie das Stück Papier, das die Form einer Bischofsmütze hat, in möglichst wenige Einzelteile, aus denen Sie ein Quadrat bilden.*

Jeder, der schon einmal einer Gesellschaft von Freunden ein Rätsel oder einen Trick vorgeführt hat, kennt Alec und dessen Angewohnheit, zu beweisen oder jedenfalls beweisen zu wollen, daß ihm dieser Trick bereits in allen Einzelheiten bekannt sei, noch bevor er vorgeführt wurde. Falls er das Rätsel zufällig schon kennt, gibt er die Lösung preis, noch bevor alle anderen, die sich für derartige Dinge interessieren, überhaupt die Chance haben, selbst auf die Lösung zu kommen. Aber selbst wenn ihm das Rätsel neu ist, läßt er nicht locker und will beweisen, daß es Ähnlichkeiten mit irgendeinem anderen hat, das, wie sich leicht beweisen läßt, dem gerade dargebotenen weit überlegen ist. Im allgemeinen erinnert er uns an das alte persische Sprichwort: »Derjenige, der nicht weiß, daß er nichts weiß, ist eine Plage.« Es ist ein rechtes Vergnügen, ihn kurzerhand zum Schweigen zu bringen, so wie im folgenden Fall:

Harry will seinen jungen Freunden gerade ein raffiniertes Schnitt-Puzzle vorführen, als ihn Alec der Schreckliche rüde unterbricht, weil er glaubt, daß es sich dabei um das unter Rätselkennern allseits bekannte und berühmte alte Rätsel mit der Bischofsmütze handelt. Dieses hatte ich bereit vor über 50 Jahren an die Öffentlichkeit gebracht, und es geht darum, eine Methode zu finden, nach der das Stück Papier in der Form einer Mitra, d.h. einer Bischofsmütze, in vier Stücke gleicher Form und Größe geschnitten werden kann.

Auf Alecs aufdringliches Angebot, das Rätsel allen zu erklären, bemerkt Harry prompt:
»Na schön! Die Aufgabe besteht darin, dieses Stück Papier hier in möglichst wenig Einzelteile zu zerschneiden, die sich zu einem Quadrat zusammenfügen. Ich selbst habe die richtige Lösung vergessen, aber unser Freund hat sich netterweise bereit erklärt, mir dabei zu helfen, sie wiederzufinden.«
Die Aufgabe ist nicht im entferntesten so leicht, wie sie vielleicht aussieht, und selbst der Fachmann wird eine ganze Weile zu tun haben, bevor er die richtige Antwort findet. Natürlich gibt es unzählige Lösungsmöglichkeiten, wenn man das Papier in viele einzelne Stücke zerschneidet, aber man muß schon ziemlich geschickt sein, wenn man es mit der kleinstmöglichen Anzahl Stücke schaffen will. (nach Loyd [17])..
Auch hier wieder der Reiz der Zeichnung und der Erzählung. Möglicherweise lassen sich viele Übungsaufgaben in Schule und Hochschule ähnlich verpacken.
Der Leser nehme sich nicht die Freude, die Aufgabe selbst zu lösen.

⑤ Die Marskanäle

Dies ist eine Karte von den neu entdeckten Städten und Wasserwegen auf unserem nächsten Nachbarplaneten, dem Mars. Beginnen Sie bei der Stadt am Südpol, die mit T markiert ist, und sehen Sie zu, ob Sie einen kompletten englischen Satz bilden können, indem Sie eine Stadt nach der anderen besuchen und dann zum Ausgangspunkt zurückkehren.
Als dieses Rätsel in einem Magazin zum ersten Mal veröffentlicht wurde, meldeten sich über 50 000 Leser, die alle die Meinung vertraten: »Es gibt keinen möglichen Weg.« Trotzdem handelt es sich um ein sehr einfaches Rätsel (nach Loyd [17]).

Wir beschließen unsere Stippvisite bei Samuel Loyd mit diesem Stückchen zur Weltraumfahrt und hoffen, daß der Leser auf den Geschmack gekommen ist. Die Bändchen dienen nicht nur der eigenen Freude und der Verzweiflung anderer, sondern auch zur Anregung, Aufgaben an unseren Schulen und Hochschulen in andere Gewänder zu kleiden. Auch in der Ernährung lebt man nur gesund, wenn man eine gewisse Menge an Ballaststoffen zu sich nimmt. Diese sind überdies häufig sehr wohlschmeckend. Warum, liebe Loyd, wollen wir dies nicht auch versuchen?

Während es bei Loyd von geometrischen Aufgaben wimmelt, hat sich Dr. Zweistein [27] auf Logik-Aufgaben geworfen, ferner auf Aufgaben, in denen mit ganzen Zahlen gespielt wird oder die Graphentheorie gestreift wird. Vielfach besteht der Reiz auch in der äußersten Sparsamkeit der gegebenen Informationen, die einfach nicht ausreichend erscheinen, um die Aufgabe lösen zu können.

Zu diesen Aspekten wollen wir einige wenige Beispiele geben. Zunächst Spiele um

Ganze Zahlen. Zum Warmwerden beginnen wir mit einem interessanten bibliophilen Problem (Zweistein [27]. Aufg. 11):

Eine Bibliothek

6 *In meiner Bibliothek gibt es keine zwei Bücher, deren Inhalt aus gleich vielen Worten besteht. Die Anzahl der Bücher ist größer als die Anzahl der Wörter jedes einzelnen Buches. Diese beiden Angaben reichen aus, um mindestens eines meiner Bücher zu beschreiben. Was steht in dem Buch?*

Mehr in die Geschichte der Mathematik fällt die zentrale historische Aussage der folgenden Gleichung, (aus Zweistein [27], Aufg. 55):

Große Mathematiker

7 *Die Summe zweier Mathematiker ergibt wieder einen Mathematiker. Darin liegt die Eleganz der klassischen Aufgabe:*

$$\begin{array}{r} GAUSS \\ +RIESE \\ \hline EUKLID \end{array}$$

Die zehn Buchstaben sollen durch die Ziffern 0 bis 9 ersetzt werden, und zwar so, daß die Addition stimmt. Ganz ohne Probieren geht das nicht; immerhin hilft aber etwas logisches Denken dabei.

Schließlich zwei Aufgaben um natürliche Zahlen, bei denen nur schwer einzusehen ist, daß die gegebenen Informationen ausreichen, vor allem, weil einige der Auskünfte haarscharf am Problem vorbeizuschießen scheinen.
Die erste dieser Aufgaben ist aus Morris: »99 neunmalkluge Denkspiele,« [19], (Aufg. 78), ein ungemein reizvolles Buch. Es geht dabei um

Professor Suzukis Kinder

[8]   *Professor Suzuki und Professor Baba begegnen sich in der Mensa der Waseda-Universität.*
Suzuki: »Guten Abend, mein Bester. Wie geht es Ihnen?«
Baba: »Hervorragend, danke. Und Ihnen?«
Suzuki: »Sehr gut. Sie wissen, daß ich inzwischen drei Kinder habe …«
Baba: »Wirklich? Wie alt sind sie denn?«
Suzuki: »Nun, Sie als guter Mathematiker und Logiker dürften es rasch herausbekommen. Das Produkt ihrer Lebensalter ist 36, und die Summe ihrer Lebensalter ist identisch mit der Nummer des Hauses, das Sie in Osaka bewohnten.«
Babe (nach einer Pause): »Diese Informationen reichen mir nicht.«
Suzuki: »Sie haben recht. Also, das älteste sieht genau wie ich aus.«
Baba: »Aha, jetzt weiß ich, wie alt sie sind.«
Und wie alt sind sie?

Die zweite wurde mir von Kollegen B. Ganter während einer erholsamen Kaffeepause genannt, die daraufhin sofort »im Eimer« war.

Paul und Simon

[9]   – *Simon: »Ich kenne die Summe S zweier ganzer Zahlen ≥ 2, nicht aber ihr Produkt P.«*
– *Paul: »Ich dagegen kenne das Produkt P der beiden Zahlen, nicht aber ihre Summe S.«*
– *Simon denkt über die Zahl S nach und meint: »Ich glaube dir, denn du kannst S aus P nicht ermitteln, welchen Wert P auch haben mag.«*
– *Paul überlegt und sagt dann: »Nun kenne ich S.«*
– *»Wie schön,« erwidert Simon,« denn nun kenne auch ich P.«*
– *»Dabei«, meint Paul, »hat S den kleinsten Wert, der bei unserer Unterhaltung überhaupt möglich ist.«*
– *Welche Werte haben S und P?*

Um sich die Entdeckerfreude nach durchgrübelter Nacht im fahlen Licht des jungen Tages nicht zu nehmen, sollte der Leser die Lösung vorerst nicht nachschlagen.

Etwas leichter ist folgende Aufgabe (Zweistein [27], 58). Sie streift sanft die

Theorie der Graphen.

Familienverhältnisse

|10| *»In unserer Familie herrschen höchst unerfreuliche Verhältnisse«, klagt ein besorgter Vater. »Wir sind sechs Personen, und es ist so, daß sich je zwei von uns entweder gegenseitig hassen oder gegenseitig lieben. Aber keine drei Familienmitglieder hassen oder lieben sich untereinander.«*
»Das kann nicht sein«, sagt sein Freund.
Warum nicht?

Eine große Zahl von Zweisteins Aufgaben gehören zur

Logik. Ein Beispiel zur Aussagenlogik haben wir schon in Kapitel I unter *Übungsaufgaben* angegeben. Darum lassen wir nun eine Aufgabe zum *Schubfachprinzip* folgen, die den Schülerrätseln zum Verzweifeln ähnlich sieht, welche mit der Frage »Wie alt ist der Kapitän?« enden. Hier wie da scheinen die Aussagen mit der Frage am Schluß nichts zu tun zu haben.

Im Zug

|11| *In einem englischen Eisenbahnzug fahren Dr. Hopkins, Dr. Watts und Dr. Smith. Der Heizer, der Lokführer und der Schaffner des Zuges haben die gleichen drei Namen.*
Dr. Hopkins wohnt in Liverpool, der Schaffner in einem Ort zwischen Liverpool und London, der Namensvetter des Schaffners in Newcastle. Dr. Smith verdient im Monat 100 Pfund, 3 Schilling und einen Penny. Der Schaffner erhält als Monatsgehalt genau ein Drittel des Monatseinkommens seines Wohnungsnachbarn, eines der drei Doktoren. Der Zugangestellte Hopkins schlägt den Heizer im Billard 100 : 70. Wie heißt der Lokführer? (nach Zweistein [27] Aufg. 54).

Kombinatorik und Wahrscheinlichkeitstheorie sollen hier übersprungen werden, da wir nochmals auf die Bücher von Engel [3] verweisen können. Sie verbinden in schöner Weise Lehrstoff mit originellen Aufgaben.

Gleichungen mit einer Unbekannten oder mehrere Gleichungen mit mehreren Unbekannten sind von uns auch schon gestreift, durch die klassische Eselaufgabe (im vierten Absatz dieses Kapitels) oder die weniger klassische Aufgabe über Knurkse, Flatze, Müffs und Brekus am Ende von Kapitel I. Für diese Gattung gibt es unzählige Beispiele. Eins der ersten, das mit Altersbestimmung zu tun hat, stammt von Diophant, dem Altmeister der Arithmetik. Unter der Bedingung, daß Lösungen natürliche Zahlen sind, läßt sich die Gleichung lösen, die auf seinem Grabstein so beschrieben ist:

Diophant

|12| »*Hier das Grabmal deckt Diophantos – ein Wunder zu schauen / Durch arithmetische Kunst lehrt sein Alter der Stein / Knabe zu bleiben verlieh ein Sechstel des Lebens ein Gott ihm / Fügend das Zwölftel hinzu, ließ er ihm sprossen die Wang' / Steckte ihm darauf auch an in dem Siebtel die Fackel der Hochzeit / Und fünf Jahre nachher teilt er ein Söhnlein ihm zu. / Weh', unglückliches Kind, so geliebt! Halb hatt' es des Vaters / Alter erreicht, da nahm's Hades, der Schaurige, auf. / Noch vier Jahre den Schmerz durch Kunde der Zahlen besänft'gend / Langte am Ziele des Seins endlich er selber auch an.*«
Gefragt ist nach dem Alter, in welchem Diophant starb (nach [27], Aufg. 59).

Dazu eine hübsche Variante aus [19], Aufg. 13:

Roy und Martha.

|13| »*Roy, Roy*,« *ruft Martha ihrem Gatten zu*, »*ist dir eigentlich klar, daß ich genau doppelt so alt bin, wie du warst, als ich doppelt so alt war, wie du warst, als ich drei Jahre älter war, als du warst, als mein Alter sowohl das Dreifache meines Alters bei deiner Geburt als auch drei Viertel deines gegenwärtigen Alters betrug?*«
»*Aber gewiß, Liebling*,« *erwiderte Roy.* »*Und hast du dir schon mal überlegt, wie alt ich sein werde, wenn du doppelt so alt bist, wie ich sein werde, wenn dein Alter die Summe unserer gegenwärtigen Lebensjahre beträgt?*«
»*Das habe ich mir schon oft ausgemalt.*«
»*Also gut – wie alt werde ich sein?*«
Martha gibt die korrekte Antwort. Wie lautet sie?

Zwei Beispiele sollen unsere Auswahl beschließen, in denen Bewegungen eine Rolle spielen. Da die Bahngeschwindigkeiten dabei aber konstant sind, rechnen wir sie statt zur Kinematik eher zur

Geometrie.

Die Breite des Algebrus

|14| »*Wie breit ist dieser Fluß?*« *will Dr. Tangens von seinem Kollegen wissen, als die beiden Mathematiker auf einer Fähre den Algebrus, den breiten Grenzstrom zwischen Hypotenusien und Abszissenland, überqueren.* »*Gleichzeitig mit uns legte die entgegenkommende Fähre vom gegenüberliegenden Ufer ab*«, *erklärte der Gefragte.* »*Beide Schiffe überqueren den Fluß natürlich auf dem kürzesten Wege, und beide fahren mit konstanter Geschwindigkeit; eine Fähre ist allerdings schneller als die andere. Als wir das entgegenkommende Schiff trafen, waren wir 420 Meter vom hypotenusischen Ufer entfernt. Jede Fähre bleibt nach ihrer Ankunft zehn Minuten liegen, ehe sie wieder zurückfährt. Bei dieser Rückfahrt treffen sich die Boote 260 Meter vor dem abszissenländischen Ufer. So, nun wissen Sie, wie breit der Fluß ist.*« *(s. [27], Aufg. 61).*

Auch diese Aufgabe ist äußerst ökonomisch. Die etwas sperrigen Aussagen sind so dürftig, daß sie kaum auszureichen scheinen.

Schließlich beenden wir unsere kleine Galerie mit einer hübschen Aufgabe, die sich besonders gut dazu eignet, am Biertisch oder bei gutem Wein untersucht zu werden. Es handelt sich um

Die Jungfrau auf dem See

|15| *Eine Jungfrau rudert auf einem kreisrunden See, während ein Strolch mit unlauteren Absichten ihr am Ufer auflauert. Er ist Nichtschwimmer, kann aber genau viermal so schnell laufen, wie die Jungfrau rudern kann. Könnte sie das Ufer erreichen, ohne den Strolch zu treffen, wäre sie gerettet, da sie schneller laufen kann als er.*
Unsere bewundernswerte Jungfrau denkt nach und findet dann tatsächlich einen Plan, nach dem sie mit Sicherheit einen Punkt des Ufers erreicht, ohne den Strolch zu treffen, selbst wenn er die größten Anstrengungen unternimmt, ihrer habhaft zu werden. Wie sieht ein solcher Plan aus? ([12], S. 114).

Mathematik der kurzen Wege

Die beschriebene lockere Zuordnung von Denksportaufgaben zu verschiedenen Disziplinen der Mathematik legt den Gedanken nahe, vielleicht doch ein wenig systematischer an Hand solcher Miniaturen wesentliche Schlußweisen oder Methoden der Mathematik zu verdeutlichen.
Die Aufgaben zur Logik machen dies am klarsten. Nicht nur Aussagenlogik und Schubfachprinzip werden erläutert, sondern, etwa an der Aufgabe mit den Knurksen, Müffs usw. am Ende des Kapitels I, auch Wesentliches der axiomatischen Methode. Wer sagt, er wisse nicht was Knurkse, Flatze oder Brekus sind und könne aus diesem Grunde die Aufgabe nicht lösen, sieht nicht, daß es ja nur auf die Beziehungen zwischen diesen Knurksen, Flatzen usw. geht, nicht darum was sie sind. Genau dies ist Hilberts Standpunkt in der Axiomatik.
Ein anderes Beispiel ist die berühmte

Schachbrett-Aufgabe:

|16| *Kann man ein Schachbrett, aus dem zwei diagnonal gegenüberliegende Eckfelder herausgeschnitten sind, vollständig mit Dominosteinen überdecken?*
Dabei überdecke jeder Dominostein genau zwei Schachfelder.

Die Antwort ist allgemein bekannt, ebenso wie der verblüffend einfache Beweis: Es geht nicht, da jeder Dominostein ein weißes und ein schwarzes Feld überdeckt, jedoch zwei Eckfelder von *gleicher* Farbe herausgeschnitten sind. Neben der bestechenden Eleganz der Beweisführung, die wir ja auch den Lernenden empfinden lassen wollen, wird eine vielverwendete Methode schlaglichtartig erhellt: Es wird auf das Objekt eine *Zusatzstruktur* aufgebracht, hier die Schwarz-Weiß-Färbung der Felder, die mit der Fragestellung eigentlich nichts zu tun hat. Denn die Aufgabe ließe sich ebenso auf schlichtem Karopapier erläutern. Die Zusatzstruktur ermöglicht aber erst die prägnannte Beweisführung.
Dies entspricht dem Vorgehen, mit dem gewisse uneigentliche reelle Integrale berechnet werden, indem man das Problem zunächst ins Komplexe erweitert und den Residuensatz benutzt. In der Darstellungstheorie von Gruppen werden die Gruppen gerne in den Gruppenring eingebettet, mit dem man dann mehr auch über Gruppendarstellungen herausfindet, oder ein einfacherer Fall: Das Lösen von Gleichungen $f(x) = 0$ wird wesentlich erleichtert oder erst möglich, wenn man den Blick von der starren Betrachtung der Lösung x

abwendet und die übrigen x-Werte des Definitionsbereiches nebst den zugehörigen Bildwerten betrachtet (Newton-Verfahren usw.).
Ließe sich hier nicht ein hübsches Sortiment solcher Miniaturen zusammenstellen, die viel Wesentliches der Mathematik im Kleinen aufzeigen? Ließen sich nicht auch Methoden der Algebra, Zahlentheorie, Analysis, Wahrscheinlichkeitstheorie u. a. im Kleinen einfangen?
Diese Idee von B. Bosbach, der sie die *Mathematik der kurzen Wege* nennt, ergäbe sicher einen reizvollen Beitrag zur Didaktik, würde man sie einmal konsequent ausführen. Ein gewisses Vorbild, wenn auch nicht in humoristischer Art, bildet das Buch von Rademacher und Toeplitz [23] (»Von Zahlen und Figuren«), in dem kurze, voneinander unabhängige Aufsätze, typische Ansätze der Mathematik sichtbar machen.

Psycho

Teile 30 durch 1/2 und zähle 10 dazu!
Das ist leicht. Eine kurze Rechnung ergibt 25. Sie haben es sicher sofort, genau wie ich, als ich die Aufgabe zum ersten Mal hörte.
Oh Scham, verhülle mein Haupt! Mein zehnjähriger Sohn, der mir diese Aufgabe stellte, lacht sich noch jetzt halb schief darüber.
Was war passiert? In unglaublich knapper Form hatte er mich mit psychologischen Mitteln matt gesetzt. Die richtige Antwort lautet nämlich – na, wie wohl? (s. Ende dieses Abschnitts).

Aufgaben dieses Typs, die den Löser auf eine falsche Fährte locken, gibt es in großer Zahl. Viele Kinderrätsel haben diese Form, z. B.

»Welches war die größte Insel, bevor Grönland entdeckt war?«
Antwort: »Grönland!« (Was sonst?)

Oder schon etwas mathematischer:

»Ein Bauer hat 17 Hühner. Alle außer 9 holt nachts der Fuchs. Wieviele bleiben übrig?«

Mit folgender Aufgabe können Sie auch viele ihrer Freunde hereinlegen:

Man strecke seinem Gegenüber beide Hände mit gespreizten Fingern entgegen und frage: »Wieviele Finger sind das?«
Antwort: »10.«
Frage: »Und wieviele Finger haben 10 Hände?«
Antwort: »100.«

Ha, ha! Die meisten meiner Bekannten fielen darauf herein. Die Berechnung von 5 · 10 muß doch recht schwierig sein.

Auf die folgende Frage habe ich erstaunlicherweise auch oft falsche Antworten bekommen, obwohl sie wirklich leicht ist:

»In einem dunklen Zimmer (die elektrische Birne ist gerade durchgebrannt) befindet sich eine Schublade mit 12 braunen Strümpfen und 12 schwarzen Strümpfen. Sie liegen wahllos durcheinander in der Schublade. Welches ist die geringste Zahl von Strümpfen, die du (im Dunkeln) herausgreifen mußt, um mit Sicherheit ein Paar gleichfarbiger Strümpfe zu erhalten?«
Auf diese Frage habe ich mehrfach die Antwort 13 bekommen, einmal sogar 23 (Richtig ist natürlich – na, was wohl? – 3 Strümpfe). Sogar von zwei Mathematikprofessoren habe ich die Antwort 13 erhalten, obwohl die Aufgabe nun wirklich nicht trickreich ist. Wie kommt das? Natürlich ist das schwer zu sagen, doch liegt die Vermutung nahe, daß aus unerfindlichen Gründen eine andere Frage beantwortet wurde, nämlich die Frage: »Wie viele Strümpfe muß ich mindestens herausgreifen, um mit Sicherheit ein Paar *verschiedenfarbiger* Strümpfe dabei zu haben?« Warum der Hörer die ursprüngliche Frage in diese, sozusagen komplementäre Frage, unbewußt umwandelt, weiß ich nicht.

Schließlich ein geometrisches Problem.

Wir beginnen mit einer Vorübung:
»Die Figur unten links entsteht aus einem Quadrat, aus dem ein kleineres Quadrat (mit halber Seitenlänge) herausgeschnitten ist. Zerlege die Figur in vier kongruente zusammenhängende Teile!«
Zur Erleichterung sind einige gestrichelte Hilfslinien gezeichnet. Haben Sie's? Danach nun die eigentliche Aufgabe:
»Zerlege ein volles Quadrat in 5 kongruente zusammenhängende Teile!«

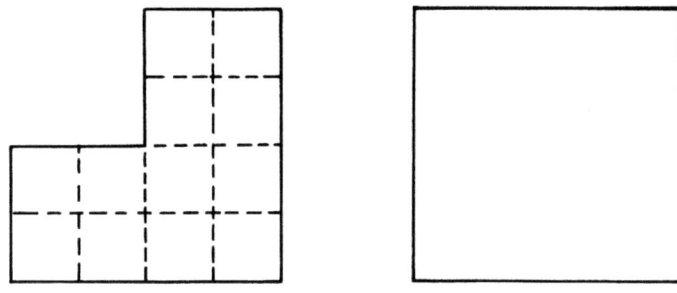

Ich nehme an, der Leser hat es schnell. Versuchen Sie es aber einmal im Freundeskreis bei Wein oder Bier. Sie werden staunen! Wir haben sogar festgestellt: Je besser der Mathematiker ist, desto schwerer tut er sich beim Lösen.
Die richtige Antwort auf die Aufgabe am Anfang lautet natürlich 70.

Versteckspiel

Eine weitere, weniger ernst zu nehmende Sorte mathematischer Scherze, besteht in versteckten Überraschungen, die auf Anhieb einer Passage nicht anzusehen sind. Nichts desto trotz sind gerade solche Überraschungen, mit denen zunächst niemand rechnet, in der gelegentlich trockenen Luft unserer Lehrveranstaltungen unschuldige kleine Lichter.

Übungen: Eine beliebte Art, die in vielen Varianten an deutschen Hochschulen vor großen Festen, wie Weihnachten, Neujahr oder Ostern als Übung auftaucht, ist in folgender Aufgabe vertreten. Sie wurde im Dezember 1977 in Kassel unmittelbar vor dem Jahreswechsel gestellt.

Berechne die Grenzwerte der unten definierten Folgen (a_n) bis (e_n). Dabei bezeichnen alle großen Buchstaben A, B, ... usw. positive reelle Zahlen.

$$a_n = \frac{1 + Mn + FPRn^2}{Qn + Pn^2}, \; b_n = n^{-1/2}, \; c_n = \frac{Hn^2 + W}{n^2 + Q} \cdot \frac{7En^3 - 2}{7n^3} \cdot \frac{n}{n/S + 2}$$

$$d_n = \frac{ANE + L/n}{L/n^2 + A} \cdot \frac{UKn^5 - Bn^3}{Kn^5/E + C} \cdot \sqrt{\frac{n^3 + ACn}{n^3/S^2 + 5}},$$

$$e_n = \frac{3 - Jn^5}{n^5/A + n} \cdot \sqrt[n]{U} \cdot \frac{L - HFRn}{P/n + Fn}.$$

Schreibe, zur Erleichterung der Korrekteure, die herausgefundenen Ausdrücke für die Grenzwerte in einer Zeile nebeneinander.

(Lösung im Anhang).

Versteckspiel in Büchern. Das Vorwort des Buches von Isaacson und Keller (»Analysis of Numerical Methods«), [4] ist schon einer Erwähnung wert. Der Leser möge es sich einmal in einer Bibliothek heraussuchen und ansehen. Zunächst wird er nichts sehen.

Fügt er dann aber die Anfangsbuchstaben der Sätze zusammen, so erhält er den Satz:

DOWN WITH COMPUTERS AND THEIR LAKEYS

(Nieder mit Computern und ihren Lakeien). Und das in einem Buch über Computer-Mathematik!

Es scheint so, daß als Vorbild das Buch von R. Weitzenböck gedient hat (»Invariantentheorie«, Verlag P. Noordhoff, Groningen, 1923). Auch dort liefern die Anfangsbuchstaben der Sätze im Vorwort einen Sinnspruch, der sich aus der politischen Lage der damaligen Zeit ergibt und deshalb hier nicht wiederholt werden soll. Der Leser suche ihn sich selbst zusammen, wenn er in den kühlen Räumen einer mathematischen Bibliothek genug hat von strikt konvexen Banachräumen, pseudokomplementären Halbverbänden oder komplexen Komplexen.

Ein vergleichbares Beispiel ist im Buche von Halder und Heise [5] (»Einführung in die Kombinatorik«) gegeben. Hier sind auf Seite 118 mit Abschnitt 8.3 beginnend einige Buchstaben wie aus Versehen etwas fetter gedruckt und ein wenig tiefer gerutscht, als sie sein sollten. Fügt man diese Buchstaben aneinander, so erhält man auch eine Nachricht, die mit dem Inhalt des Buches im Kontrast steht.

Ein Versteckspiel besonderer Art findet sich im Buch von B. v. Kerékjartó: »Vorlesungen über Topologie«, Springer, Berlin, 1923. Es wird seit zwei Generationen von Student zu Student und Professor zu Professor weitervermittelt. Und zwar findet man im Namen- und Sachverzeichnis dieses Buches den Mathematiker Bessel-Hagen aufgeführt, mit Hinweis auf Seite 151. Dort ist er aber mit keinem Wort erwähnt. Ein Druckfehler? Schließlich fällt der Blick auf die nebenstehende Zeichnung, die dort abgedruckt ist. Sie verdeutlicht einen topologischen Zusammenhang. Sollte sie vielleicht noch mehr darstellen?

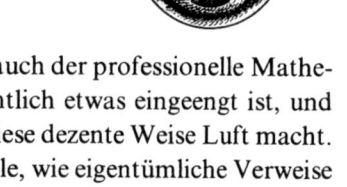

Es ist zu hoffen, daß Kollege Bessel-Hagen Humor hatte. Es mag ihm ein Trost sein, daß sein Name durch diesen Scherz die Zeiten überdauerte.

Diese Ausrutscher scheinen anzudeuten, daß auch der professionelle Mathematiker im Korsett seiner Systematik gelegentlich etwas eingeengt ist, und wie ein Dampfkessel bei Überdruck sich auf diese dezente Weise Luft macht. Es gibt sicher noch eine Reihe weiterer Beispiele, wie eigentümliche Verweise und Literaturzitate u. a. Auch hier bitte ich den Leser, mir bei der Sammlung zu helfen und mir über diese Dinge zu schreiben, wenn er sie erfährt.

IV. PARODIEN -

Mathematiker nehmen sich selbst auf den Arm

Witze

In zahlreichen Witzen werden Mathematiker und ihre so sehr sauberen Denkmethoden verhohnepipelt, was jeden ernsthaften Forscher dieser Wissenschaft schwer verbittern muß. Zum Beispiel:

Ein Physiker und ein Mathematiker sollen Wasser kochen. Es ist eine Feuerstelle vorhanden, sowie ein Topf mit Wasser, der in Position 1 steht.

Der Physiker löst das Problem, indem er den Topf auf das Feuer setzt. Der Mathematiker löst es auf die gleiche Weise.

Problem 2. Wieder soll Wasser gekocht werden, doch steht der Topf mit kaltem Wasser diesmal in Position 2, während die Feuerstelle an ihrem alten Platz steht.

Der Physiker löst das Problem wieder so, daß er den Topf auf das Feuer setzt. Der Mathematiker dagegen stellt den Topf in Position 1 und hat damit das Problem auf das vorherige zurückgeführt.

Pfui, pfui! Selbst wenn dies ins Schwarze trifft, man braucht es doch nicht auszusprechen!

Oder:

Mathematiker, Physiker und Soziologe sitzen im Zug und passieren die Landesgrenze. Sie sehen zwei schwarze Schafe.
Da meint der Soziologe: »Ich schätze, alle Schafe in diesem Lande sind schwarz.«
Doch der Physiker antwortet: »Das können Sie nicht sagen. Man kann höchstens behaupten: Zwei Schafe in diesem Lande sind schwarz.«
Der Mathematiker schüttelt darauf den Kopf und meint:
»Auch das können Sie nicht behaupten. Man kann lediglich sagen: Zwei Schafe in diesem Lande sind auf einer Seite schwarz.«

Zwei Männer haben sich auf einem Ballonflug im Nebel verirrt. Durch den Dunst sehen sie plötzlich einen weiteren Ballonflieger vorbeischweben, und rufen ihm zu: »Können Sie uns sagen, wo wir sind?«
Der Angesprochene überlegt lange und antwortet schließlich: »Sie sind im Korb eines Ballons!«
Die beiden Verirrten sehen sich verblüfft an, dann sagt der eine zum anderen: »Der ist ein Mathematiker!« – »Wieso?« – »Erstens hat er lange nachgedacht, zweitens ist seine Antwort hundertprozentig richtig, und drittens ist sie für uns vollkommen nutzlos!«

Ein Politiker, der einen Flug antreten muß, erkundigt sich bei einem Mathematiker, wie hoch die Wahrscheinlichkeit ist, daß eine Bombe im Flugzeug ist. Der Mathematiker rechnet eine Woche lang und verkündet dann: »Die Wahrscheinlichkeit ist ein Zehntausendstel!«
Dem Politiker ist das noch zu hoch, und er fragt den Mathematiker, ob es nicht eine Methode gibt, die Wahrscheinlichkeit zu senken. Der Mathematiker verschwindet wieder für eine Woche und hat dann die Lösung. Er sagt:
»Nehmen Sie selbst eine Bombe mit! Die Wahrscheinlichkeit, daß zwei Bomben an Bord sind, ist dann das Produkt $(1/10000) \cdot (1/10000)$ = Eins zu Hundertmillionen. Damit können Sie beruhigt fliegen!«

Nichtmathematiker zum Mathematiker: »Ich finde Ihre Arbeit ziemlich monoton.«
Mathematiker: »Mag sein! Dafür ist sie aber stetig und nicht beschränkt.«

Hübsch sind auch Mathematiker-Anekdoten.

Norbert Wiener wurde einmal auf dem Campus der Universität von einem Studenten angesprochen, der eine mathematische Frage hatte. Wiener blieb stehen und erörterte mit dem Studenten das Problem. Als sie fertig waren, fragte er: »Bin ich aus dieser Richtung oder aus der entgegengesetzten Richtung gekommen, als sie mich ansprachen?« Der Student nannte ihm die Richtung, aus der er gekommen war.
»Aha,« sagte Wiener, »dann habe ich noch nicht gegessen,« und setzte seinen Weg in Richtung Mensa fort.

Hilbert hatte abends Gäste im Haus. Als die Abendgesellschaft begann, kam Hilbert die Treppe herunter, jedoch ohne Krawatte. Seine Frau bemerkte es gerade noch rechtzeitig und schickte ihn sofort wieder ein Stockwerk höher, um sich einen Schlips umzubinden. Sie wartete, die Gäste warteten, doch wer nicht kam, war David Hilbert.
Nach einer Dreiviertelstunde ging sie schließlich ins Obergeschoß und sah ins Schlafzimmer. Da lag Hilbert seelenruhig im Bett und schlief.
Was war geschehen? Hilbert war die Treppe hinaufgestiegen, ins Schlafzimmer gegangen, und hatte begonnen, sich die Jacke auszuziehen. Ganz in Gedanken hatte er sich dann immer weiter ausgezogen, Pyjama angezogen, und war, nichts natürlicher als das, ins Bett gegangen. Gäste und Abendgesellschaft hatte er vollkommen vergessen.

Im Jahre 1964 hatte B. L. van der Waerden eine Gastprofessur in Göttingen. Als sein Gastsemester zu Ende ging, lud er alle seine Göttinger Kollegen zu einer Abschiedsgesellschaft ein. Carl Ludwig Siegel, der Göttinger Zahlentheoretiker, hatte aus irgendwelchen Gründen keine Lust, zu dieser Gesellschaft zu kommen. Um sich lange Entschuldigungen zu sparen, schrieb er van der Waerden kurz, er könne leider nicht kommen, da er soeben verstorben sei. Darauf sandte ihm van der Waerden postwendend ein Beileidstelegramm, indem er ihm seine tiefe Anteilnahme über diesen Schicksalsschlag ausdrückte.

Es wird von einem Professor der Mathematik berichtet, der in der Vorlesung häufig etwas durcheinanderbrachte. Das kommt zwar öfters vor, doch schien es bei diesem Dozenten ziemlich schlimm zu sein, denn seine Studenten berichteten über seinen Vorlesungsstil:
»Er sagt A, schreibt B, meint C, rechnet D, aber E wäre richtig gewesen.«

Carl Friedrich Gauss hatte nicht viel Sinn für die Musik, im Gegensatz zu seinem Freunde Pfaff (Pfaffsche Formen), der ein großer Musikliebhaber war. Er versuchte Gauss immer wieder vergeblich zu einem Konzertbesuch zu bewegen. Schließlich hatte sein Drängen Erfolg, und beide gingen ins Konzert, um sich die Neunte von Beethoven anzuhören.
Nachdem die Sinfonie geendet hatte und der gewaltige Schlußchor verklungen war, fragte Pfaff seinen Freund Gauss um seine Meinung. Darauf antwortete Gauss:
»Und was ist damit bewiesen?«

Hilbert über die Physiker: »Die Physik ist für die Physiker eigentlich viel zu schwer.«

In einer Vorlesung in München 1982 werden konforme Abbildungen behandelt. Der Professor erläutert, daß die Winkel dabei unverändert bleiben und greift zu einem Beispiel aus der Geographie: »Stellen Sie sich zwei Flüsse vor, die sich senkrecht kreuzen ...«

Professor Kaluza in Göttingen warnte seine Studenten oft vor den Gefahren des doppelten Grenzüberganges und ermahnte sie, damit vorsichtig umzugehen. Er machte dies an folgendem Beispiel klar: Ein Mann kommt mit Magenbeschwerden zum Arzt. Der Arzt untersucht ihn gründlich und sagt dann: »Sie müssen öfter essen, aber dabei weniger!« Der Mann wollte es besonders gut machen und führte einen doppelten Grenzübergang aus: Er aß von nun an »immer nichts«!

Vor Jahren hielt ich eine Anfängervorlesung und begann, wie es sich gehört, mit Logik. Zunächst erklärte ich, was man unter einer »Aussage« versteht:
»Eine Aussage ist ein Text, dessen Inhalt entweder wahr oder falsch ist.«
Als Beispiel nannte ich den Satz: »Karl ist krank.«
In diesem Augenblick fiel mir siedendheiß ein, daß ich unbedingt einen lebenden Menschen namens »Karl« brauchte, auf den sich der Satz bezog. Andernfalls konnte man den Satz weder als wahr noch als falsch bezeichnen, d.h. er war gar keine Aussage.

Um den Schaden schnell wieder gut zu machen, fragte ich in den Saal:
»Ist jemand unter Ihnen, der Karl heißt?«
Sekundenlange Stille! Dann eine Stimme aus dem Hintergrund: »Der ist krank!«

In einer Schulklasse werden inverse Abbildungen durchgenommen. Die Schüler verstehen nicht recht. Die Lehrerin erklärt es ihnen nochmal: »Invers heißt ›umgekehrt‹! Ich will es an einem einfachen Beispiel klar machen: Stellt euch vor, ich ziehe morgens meine Bluse an, darüber meine Jacke und dann den Mantel. Komme ich nun irgendwo zu Besuch, so ist es umgekehrt: Zerst ziehe ich meinen Mantel aus, dann meine Jacke, dann ...«
Die Schüler – so wird berichtet – sollen nie wieder vergessen haben, was ›invers‹ bedeutet.

Einige der neuaufgenommenen Anekdoten konnten von den Kollegen J. Appell, A.-M. Frädrich, K. Gersten und K. Slipek dingfest gemacht werden. Ich danke ihnen für ihre Mitteilungen.

»Sieh, mein neues dreieckiges Rad! Eine Weiterentwicklung des quadratischen Rades.«
»Wieso?«
»Es macht einen Hopser weniger!«

Rechnen mit Taschenrechnern

*»Also nochmal –
wenn ich von fünf Taschenrechnern drei wegnehme, wieviele bleiben übrig?«*

Das Bild zeigt, welche didaktischen Möglichkeiten im Rechnen mit Taschenrechnern liegen. Da dies von vielen Lehrern und Eltern noch nicht erkannt ist, sollen im folgenden Hilfen gegeben werden, die insbesondere dem Lehrer zeigen, auf welch vielfältige Weise der Taschenrechner im Mathematik-Unterricht eingesetzt werden kann, so daß ein Rechenunterricht ohne Taschenrechner bald nicht mehr zu denken ist. Wir machen den Einsatz des Taschenrechners an einigen Aufgaben klar:

Aufgabe a) Ein Taschenrechner kostet 24,– DM. Wieviel kosten 4 Taschenrechner?

Aufgabe b) Wieviele Möglichkeiten gibt es, 18 Taschenrechner auf 26 Schüler zu verteilen?

Aufgabe c) Wirft man einen Taschenrechner in einen Brunnen, so dauert es vier Sekunden, bis der Taschenrechner unten ist. Wie tief ist der Brunnen?

Aufgabe d) Auf wieviele verschiedene Weisen kann man die Buchstaben des Wortes »Taschenrechner» anordnen?

Aufgabe e) Ein Taschenrechner ist 7 mm hoch. Wieviele Taschenrechner benötigt man, um die Höhe des Kölner Doms zu erreichen.

Aufgabe f) Ein Schüler braucht zwei Minuten, um einen Taschenrechner kaputt zu schlagen. Wie lange brauchen 10 Schüler für diese Arbeit?

(Die letzte Aufgabe sollte man erst am Schuljahrsende behandeln!)

Arbeitsmethoden

Wir sind froh, nach den vielen abschreckenden Beispielen der vorangegangenen Seiten nun dem Leser zeigen zu können, wie ernsthaftes mathematisches Arbeiten auszusehen hat. Konstruktive Kritik ist das Gebot der Stunde. Daher bringen wir ein paar Beispiele, welche in nachahmenswerter Weise dazu beitragen, die Würde der Mathematik zu wahren und dem Leser den vielleicht schon verlorenen Glauben an seine Sonderdrucksammlung wiederzugeben. Wir beginnen mit einem Beispiel aus der Theorie der Piffles [37], welches durch seine vielen offenen Fragen gerade in letzter Zeit oft der Gegenstand vieler offener Fragen wurde.

A Note on Piffles

A. B. SMITH

A.C. Jones in his paper »A Note on the Theory of Boffles«, Proceedings of the National Society, 13, first defined a Biffle to be a non-definite Boffle and asked if every Biffle was reducible.

C.D. Brown in »On a paper by A.C. Jones«, Biffle, 24, answered in part this question by defining a Wuffle to be a reducible Biffle and he was then able to show that all Wuffles were reducible.

H. Green, P. Smith and D. Jones in their review of Brown's paper, Wuffle Review, 48, suggested the name Woffle for any Wuffle other than the non-trivial Wuffle and conjectured that the total number of Woffles would be at least as great as the number so far known to exist. They asked if this conjecture was the strongest possible.

T. Brown in »A collection of 250 papers on Woffle Theory dedicated to R. S. Green on his 23rd Birthday« defined a Piffle to be an infinite multi-variable sub-polynormal Woffle which does not satisfy the lower regular Q-property. He stated, but was unable to prove, that there were at least a finite number of Piffles.

T. Smith, L. Jones, R. Brown and A. Green in their collected works »A short introduction to the classical theory of the Piffle«, Piffle Press, $20, showed that all bi-universal Piffles were strictly descending and conjectured that to prove a stronger result would be harder.

It is this conjecture which motivated the present paper.

Department of Pure Mathematics, The University. Sheffield, England, 1966.

Zweifellos wird hier gerade der jungen Generation klar gemacht, wie seriöse mathematische Forschung auszusehen hat. Man beachte das sorgfältige Zitieren, die subtile Darstellung der Geschichte der Theorie, das ökonomische Einführen neuer Begriffe und den starken Wirklichkeitsbezug. Um diesen Eindruck nicht zu zerstören, wurde von einer Übersetzung abgesehen.

Weitere Vorbilder dieser Art findet man in [41], [42].

Wie fängt man einen Löwen in der Wüste?

Auch das Einfangen von Löwen in der Wüste ist ein schönes Beispiel anwendungsnaher Mathematik, in das sogar physikalische Aspekte hineinspielen. Wir geben daher zum Nutzen der Leser eine Zusammenstellung wieder, die ihm bei diesem, im täglichen Leben so häufig auftretenden Problem, einige Leitlinien zur Lösungsfindung vermittelt.

I. MATHEMATISCHE METHODEN

1. Die Hilbertsche oder axiomatische Methode. Man stellt einen Käfig in die Wüste und führt folgendes Axiomensystem ein:

Axiom 1: Die Menge der Löwen in der Wüste ist nicht leer.

Axiom 2: Sind Löwen in der Wüste, so ist auch ein Löwe im Käfig.

Schlußregel: Ist p ein richtiger Satz, und gilt »wenn p, so q«, so ist auch q ein richtiger Satz.

Satz: Es ist ein Löwe im Käfig.

2. Die geometrische Methode. Man stelle einen zylindrischen Käfig in die Wüste.

1. Fall: Der Löwe ist im Käfig. Dieser Fall ist trivial!

2. Fall: Der Löwe ist außerhalb des Käfigs. Dann stelle man sich in den Käfig und mache eine Inversion an den Käfigwänden. Auf diese Weise gelangt der Löwe in den Käfig und man selbst nach draußen.

Achtung. Bei Anwendung dieser Methode ist dringend darauf zu achten, daß man sich nicht auf den Mittelpunkt des Käfigbodens stellt, da man sonst im Unendlichen verschwindet!

3. Die Projektionsmethode. Ohne Beschränkung der Allgemeinheit nehmen wir an, daß die Wüste eine Ebene ist. Wir projizieren sie auf eine Gerade durch den Käfig, und die Gerade auf einen Punkt im Käfig. Damit gelangt der Löwe in den Käfig.

4. Die Bolzano-Weierstraß-Methode. Wir halbieren die Wüste in Nord-Süd-Richtung durch einen Zaun. Dann ist der Löwe entweder in der westlichen oder östlichen Hälfte. Wir wollen annehmen, daß er in der westlichen Hälfte ist. Daraufhin halbieren wir diesen westlichen Teil durch einen Zaun in Ost-West-Richtung. Der Löwe ist entweder im nördlichen oder im südlichen Teil. Wir nehmen an, er ist im nördlichen. Auf diese Weise fahren wir fort. Der Durchmesser der Teile, die bei dieser Halbiererei entstehen, strebt gegen Null. Auf diese Weise wird der Löwe schließlich von einem Zaun beliebig kleiner Länge eingegrenzt.

5. Die mengentheoretische Methode. Die Punkte der Wüste lassen sich wohlordnen. Ausgehend vom kleinsten Element erwischt man den Löwen durch transfinite Induktion.

Bemerkung. Diese Methode ist in Fachkreisen umstritten wegen der Verwendung des Wohlordnungssatzes bzw. des Auswahlaxioms. Wie so oft, hat auch die vorliegende Fragestellung zu einer fruchtbaren Entwicklung geführt. Dabei wurde schließlich eine sehr viel einfachere Methode entdeckt, die den genannten Mangel nicht aufweist: Man betrachte alle Teilmengen der Wüste, die den Löwen enthalten und bilde ihren Durchschnitt. Er enthält als einziges Element den Löwen.
(Bei dieser Durchschneiderei ist lediglich darauf zu achten, daß das schöne Fell des Löwen nicht zerschnitten wird!)

6. Die funktionalanalytische Methode. Die Wüste ist ein separabler Raum. Er enthält daher eine abzählbare dichte Menge, aus der eine Folge ausgewählt werden kann, die gegen den Löwen konvergiert. Mit einem Käfig auf dem Rücken springen wir von Punkt zu Punkt dieser Folge und nähern uns so dem Löwen beliebig genau.

7. Die Peano-Methode. Man konstruiere eine Peano-Kurve durch die Wüste, also eine stetige Kurve, die durch jeden Punkt der Wüste geht. Es ist gezeigt worden, daß man eine solche Kurve in beliebig kurzer Zeit durchlaufen kann. Mit dem Käfig unter'm Arm durchlaufe man die Kurve in kürzerer Zeit, als der Löwe benötigt, um sich um seine eigene Länge fortzubewegen.

8. Die topologische Methode. Der Löwe kann topologisch als Torus aufgefaßt werden. Man transportiere die Wüste in den vierdimensionalen Raum. Es ist nun möglich die Wüste so zu deformieren, daß beim Rücktransport in den dreidimensionalen Raum der Löwe verknotet ist. Dann ist er hilflos.

9. Die Cauchysche oder funktionentheoretische Methode. Wir betrachten eine reguläre löwenwertige Funktion f auf der Wüste. Der Käfig stehe im Punkt z der Wüste. Man bildet dann das Integral

$$\frac{1}{2\pi i} \int_C \frac{f(\zeta)}{\zeta - z} d\zeta,$$

wobei C der Rand der Wüste ist. Der Wert des Integrals ist $f(z)$, d. h. es ist ein Löwe im Käfig.

10. Die Banachsche oder iterative Methode. Es sei f eine Kontraktion der Wüste in sich. x_0 sei ihr Fixpunkt. Auf diesen Fixpunkt stellen wir den Käfig. Durch sukzessive Iteration

$$W_{n+1} = f(W_n), \quad n = 0,1,2,\ldots \quad (W_0 = \text{Wüste})$$

wird die Wüste auf den Fixpunkt zusammengezogen. So gelangt der Löwe in den Käfig.

11. Die Kompaktheitsmethode. Die Wüste wird ohne Beschränkung der Allgemeinheit als kompakt vorausgesetzt. Man überdecke sie mit einer Familie von Käfigen K_i ($i \in I$). Dann gibt es unter ihnen endlich viele Käfige $K_{i_1}, \ldots, K_{i_n}$, die bereits die ganze Wüste überdecken. Die Durchmusterung dieser Käfige auf darin befindliche Löwen wird als Diplomarbeit vergeben.

12. Die logische Methode oder Methode des »Tertium non datur«. Man stelle einen offenen Käfig in die Wüste und lege ein Brett mit Leim daneben. Beides biete man dem Löwen zum Betreten an. Der Löwe sagt dann: »Nein, auf den Leim gehe ich nicht!« Nach dem »Tertium non datur« muß er in den Käfig gehen. Danach schlägt man die Tür zu.

13. Die stochastische Methode. Man benötigt dazu ein Laplace-Rad, einige Würfel und eine Gaussche Glocke. Mit dem Laplace-Rad fährt man in die Wüste und wirft mit den Würfeln nach dem Löwen. Kommt er dann wutschnaubend angerannt, so stülpt man die Gaussche Glocke über ihn. Unter ihr ist er mit der Wahrscheinlichkeit eins gefangen.

14. Die didaktische Methode. Man nähere sich dem Löwen auf der Brunerschen Spirale. Dann elementarisiere man den Löwen zu einer Katze und fange ihn mit einer Schale Milch.

II. PHYSIKALISCHE METHODEN

15. Die Newtonsche Methode. Käfig und Löwe ziehen sich durch die Gravitationskraft an. Wir vernachlässigen die Reibung. Auf diese Weise muß der Löwe früher oder später am Käfig landen.

16. Die Heisenberg-Methode. Ort und Geschwindigkeit eines bewegten Löwen lassen sich nicht gleichzeitig bestimmen. Da bewegte Löwen also keinen physikalisch sinnvollen Ort in der Wüste einnehmen, kommen sie für die Jagd auch nicht in Frage. Die Löwenjagd kann sich daher nur auf ruhende Löwen beschränken. Das Einfangen eines ruhenden, bewegungslosen Löwen wird dem Leser als Übungsaufgabe überlassen.

17. Die Schrödinger-Methode. Die Wahrscheinlichkeit dafür, daß sich ein Löwe zu einem beliebigen Zeitpunkt im Käfig befindet, ist größer als Null. Man setze sich vor den Käfig und warte.

Bemerkung: Hierbei wird üblicherweise vorausgesetzt, daß der Käfig offen ist und man ihn zuschlagen muß, wenn der Löwe drin ist. H. Schubert wies aber darauf hin, daß man den Käfig wegen des Tunneleffektes auch zulassen kann. Auf diese Weise kann man bei der elenden Warterei auch mal weggehen und ein Bierchen trinken. Aber nicht zu lange! Denn kluge Löwen, die den Tunneleffekt begriffen haben, verschwinden auch wieder.

18. Die Einsteinsche oder relativistische Methode. Man überfliege die Wüste nahezu mit Lichtgeschwindigkeit. Durch die relativistische Längenkontraktion wird der Löwe flach wie Papier. Man greife ihn, rolle ihn auf und mache ein Gummiband herum.

Bemerkung. Wir haben uns hier auf physikalische Methoden beschränkt, die der Mathematik nahe stehen. Weitere Methoden, insbesondere experimentalphysikalische, findet der Leser in der verdienstvollen Abhandlung von H. Pétard [22] aus dem Jahre 1938 (wie z. B. das Arbeiten mit halbdurchlässigen Membranen, die alles außer Löwen durchlassen. Mit ihnen siebt man die Wüste durch). Die Sammlung von Pétard hat auch bei einigen der angegebenen mathematischen Methoden Pate gestanden. Für einige neu aufgenommene Fangmethoden in dieser Auflage danke ich G. Niklasch und L. Scheyde.
Auf eine schmerzliche Lücke jedoch wies H. Schubert hin, der sich offenbar besonders tief in diese Problematik einarbeitete. Er bemerkte, daß in all den beschriebenen Methoden die Existenz mindestens eines Löwen vorausgesetzt sei. Wie jeder Mathematiker weiß, sind aber Existenzprobleme häufig die haarigsten.
Schubert ist nicht der Mann, der auf halbem Wege stehen bleibt. Er teilte mir daher die folgende Strategie mit, welche die Lücke schließt.

19. Die dialektische Methode. Man zäunt die Wüste ein, bewässert sie, sät Gras und setzt Kaninchen aus. Die Kaninchen vermehren sich schnell. Nach Hegel kommt daher bald der Zeitpunkt, bei dem Quantität in Qualität umschlägt, und dann hat man einen Löwen.

All diese Methoden stammen, wie Volksmärchen, aus dem Sagenschatz mathematischer Institute und werden auf Tagungen immer weiter erzählt, in der Hoffnung, daß insbesondere die Jugend sich dieses aufstrebenden Gebietes annehmen möchte.

Wir können unsere Ausführungen nicht schließen, ohne auf die Forschungen über das *Mückenproblem*, die *Hasematik* und die Theorie spezieller *Allgemeinheiten* hinzuweisen. Das Mückenproblem, ausgehend von der Frage: »Gibt es unendlich viele Mücken?« kann danach als gelöst gelten, s. Anhang.

Kleine Einführung in die Hasematik

Über die Hasematik geben wir eine interessante Reportage wieder, die dem verdienstvollen Werke von U. Erckenbrecht: »Ein Körnchen Lüge,« [34], entnommen ist. Der Ruf nach mehr Wärme in Wald, Wissenschaft und Wirtschaft wird auch hier wieder wach:

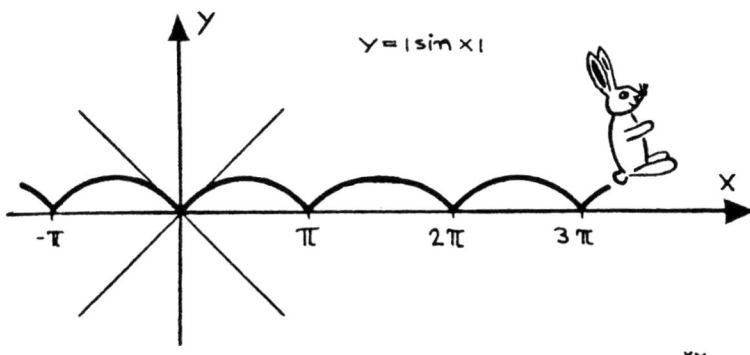

»Die abgebildete Zeichnung ist einem hasematischen Lehrbuch entnommen, das soeben erschienen ist. Der Verfasser ist Prof. Dr. Haso car Nickel, der Begründer der Hasematik und langjährige Vorsitzende des deutschen Hasematikerverbandes. Erst kürzlich durften wir den alten Hasen dieser neuen Wissenschaft auf dem Hasematikerkongreß bewundern, der mit zahlreichen Ehrengästen in dem nordhessischen Dorf Wenigenhasungen (Landkreis Kassel) stattfand. In dem Hauptvortrag (›Doppelt gehoppelt hält besser‹) wies Prof. Dr. Haso car Nickel auf die wachsende Bedeutung hin, die der Hasematik in unserem Zeitalter zukommt, und hob mit Recht die Tatsache hervor, daß die junge Wissenschaft weiß, wie der Hase läuft, obwohl und gerade wenn er Haken schlägt.
Beim Festbankett, zu dem falscher Hase serviert wurde, zerstritt man sich über die Frage, ob und wo der Hase im Pfeffer liegt. Man war sich zwar über die sinnträchtige Rolle des Hasen im Klaren, und man stimmte darin überein, daß die Hasematik in eindringlicher Weise Biologie und Mathematik zu einer höheren Einheit verschmilzt. Dennoch war unverkennbar, daß sich die Hasematiker in verschiedene Gruppen gespalten hatten, die einander erbittert bekämpften: die Feldhasematiker, die Stallhasematiker und die Karnickelianer. Man debattierte, stellte Anträge, bildete Oberausschüsse und Unterausschüsse, verteilte wechselseitig den Rat, sich doch an die eigenen Hasen zu packen – kurzum, es herrschte eine hastige Betriebsamkeit.
Es wurden auch viele Referate gehalten, wie sich das auf einem richtigen Kongreß gehört: ›Albrecht Dürer als Vorläufer der Hasematik‹, ›Goethe und

der Stallhase‹, ›Der Hase, wie er leibt und weibt‹, ›Untersuchungen an deutschen Rammlern‹, ›Englische Hasenhasser‹, ›Der Fuchs als Freund des Hasen‹ und viele andere Vorträge, die wir nicht aus Platzgründen, sondern aus Bekömmlichkeitsgründen verschweigen.

Besondere Aufmerksamkeit verdiente jedoch ein Diplomhasematiker, der behauptete, daß die Beschäftigung mit hasoiden Lebewesen die Menschen friedlicher stimme. Er führte tatsächlich einige Versuchskarnickel vor, die es für kurze Zeit fertigbrachten, daß die Feldhasematiker und die Stallhasematiker ihre Löffel anlegten und einträchtig lauschten. Aufgrund dieses nicht eindeutigen, aber erst auf dem nächsten Kongreß widerlegbaren Beweises beschloß die Versammlung, einen herausragenden modernen Künstler mit dem Entwurf eines Friedenshasen zu beauftragen.

Man stimmte ebenso einhellig dafür, ein Broschürli drucken zu lassen, um die Jugendlichen in die Hasematik einzuführen. Stürmischen Anklang fand die Empfehlung, Pfuschkin zu trinken und dann die Mathematikbücher aufzuschlagen; die Hasen würden unversehens, wie die Zeichnung zeigt, inmitten der Kurven und Koordinatensysteme auftauchen. Drum merke: ›Viele Abstinenzler sind des Hasen Tod‹ (Prof. Dr. Haso car Nickel).

Man darf natürlich nicht annehmen, die Hasematiker seien samt und sonders eine verlotterte Sippschaft. Das wäre eine feige Diffamierung des Hasematikerverbandes und ein Schlag ins Gesicht des deutschen Hasen. Die Hasematiker beharren auf dem Standpunkt, daß ein angeheiterter Hasematiker immer noch besser ist als ein stocknüchterner Hasenfuß.«

Die Theorie der Allgemeinheit

Der Hasematik ebenbürtig steht die Theorie spezieller *Allgemeinheiten* zur Seite. Diese aufkeimende Entwicklung hat erste schöne Blüten getragen, die in den folgenden Werken niedergelegt sind:

> Tergan: Das allgemeine Dreieck, [38], s. Anhang 2,
> Jürgen: Das allgemeinste Dreieck, [35],
> Weg: Das allgemeine Viereck, [40], s. Anhang 3,
> Voluntas: Das allgemeine Dreieck und die Musik, [39].

Die überraschenden Ergebnisse, insbesondere im bahnbrechenden Werk von Tergan, haben schon manchem Mathematiker das Wasser in die Augen getrieben.

Und zwar hat Tergan sich mit der schulrelevanten Frage beschäftigt: Wie kann man ein möglichst allgemeines spitzwinkliges Dreieck, welches nicht rechtwinklig und nicht gleichschenklig ist, an die Tafel zeichnen. Dabei weist Tergan zu Recht darauf hin, daß es nicht darauf ankommt, daß ein solches Dreieck weder rechtwinklig noch gleichschenklig *ist*, sondern daß es als solches *erscheint*. Ein Dreieck etwa mit den Winkeln 89°, 45°, 46° würde vom Betrachter, insbesondere von Schülern, sowohl als rechtwinklig als auch gleichschenklig angesehen werden. Welche Winkel sind aber dem Augenschein nach wirklich verschieden und welche können als gleich angesehen werden?

Dr. Schrulle, auf den sich Tergan stützt, hatte herausgefunden, daß zwei Winkel, die sich um weniger als 15° unterscheiden, von vielen Betrachtern als gleich angesehen werden. Dieses Ergebnis, welches durch die statistischen Analysen von Prof. Ungewiß erhärtet wurde, nimmt Tergan zum Ausgangspunkt. Er definiert sehr vernünftig, daß man unter einem *allgemeinen Dreieck* ein solches spitzwinkliges Dreieck zu verstehen habe, dessen Winkel sich paarweise um mindestens 15° voneinander unterscheiden und sich überdies vom rechten Winkel um mindestens 15° unterscheiden. Nur Dreiecke dieser Art sind für den Geometrieunterricht brauchbar, wenn man etwa zeigen will, daß sich die Höhen in einem Punkt schneiden oder ähnliches.

So weit, so gut! Die Klasse aller möglichen allgemeinen Dreiecke ist damit hoffnungslos umzingelt.

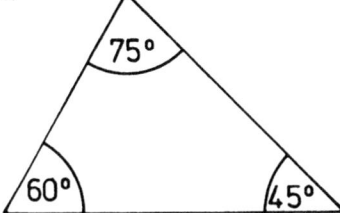

Das allgemeine Dreieck

Wer aber beschreibt unser Erstaunen, und sicher auch das des Autors, als wir bzw. er darangingen, einige typische Beispiele von allgemeinen Dreiecken zu zeichnen? Was kam dabei heraus? Nun, das Ergebnis dieser Versuche, welches durch einen scharfsinnigen Beweis Tergans gesichert wurde, lautet:

»Es gibt (bis auf Ähnlichkeit) *genau ein* allgemeines Dreieck; seine Winkel sind 45°, 60°, 75°.«

Dieser *Hauptsatz* Tergans sucht an Eleganz seinesgleichen. Nun, da das Ergebnis bekannt ist, fällt es natürlich dem Leser nicht schwer, selbst einen Beweis anzugeben. Doch schmälert dies nicht die Brillianz der Terganschen Erkenntnis.

Man überlege sich: Seit Jahrhunderten haben alle Geometrielehrer stets *das gleiche* allgemeine Dreieck gezeichnet, ohne es zu merken (von geringfügigen Zeichenungenauigkeiten natürlich abgesehen). Jeder dieser Lehrer hat fest geglaubt, seinen Schülern den *Allgemeinfall* eines spitzwinkligen Dreiecks vorzuführen. Genau das Gegenteil aber war der Fall! Alle diese Lehrer zeichneten das *gleiche Dreieck,* von Ähnlichkeitstransformationen abgesehen. Es ist kein Wunder, daß dieses Ergebnis die Forscher in der Welt aufrüttelte.

Eine Übertragung der Ideen Tergans auf stumpfwinklige Dreiecke gelang G.A. Jürgen [35].

Firlefanz U.M. Weg machte den Schritt vom Dreieck zum Viereck [40], unterstützt von seinem Kollegen Nepomuk Holz, mit dem zusammen er seinerzeit das bekannte »Holz-Weg-Prinzip« aufstellte: »Allgemeines wird durch Allgemeines allgemeiner!«
In der Arbeit wird z.B. bewiesen (ohne daß wir auf Einzelheiten eingehen wollen), daß es im und um das allgemeine Viereck von allgemeinen Dreiecken wimmelt. Dabei wird definiert: *A* wimmelt in *B*, wenn *A* in *B* in maximaler Zahl vorkommt. Um dem Leser einen Eindruck von der Theorie zu geben, ist die genannte Arbeit im Anhang angehängt.

Die vierte der erwähnten Arbeiten, diejenige von Flodur Voluntas [39], enthält als Kernaussage eine höchst geniale Entdeckung, und zwar einen geradezu klassisch schönen Zusammenhang zwischen Tergans allgemeinem Dreieck und der Musik, genauer der Harmonik. Und zwar zeichnete Voluntas die üblichen zwölf Töne einer Oktave als Punkte gleichabständig auf einer Kreislinie ein, wie es die nebenstehende Figur zeigt. Der Kreis ist also wie die Uhr durch zwölf Punkte, hier die zwölf Töne der Oktave, unterteilt.

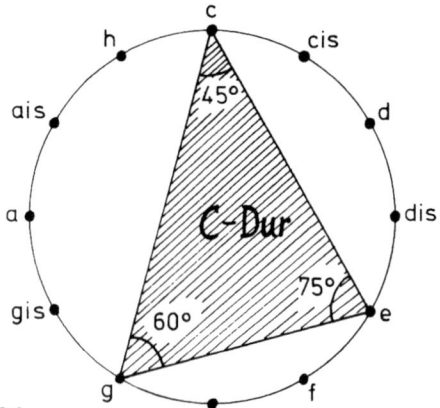

Das allgemeine Dreieck in der Musik

Nun kommt's: Sucht man sich die drei Punkte irgendeines Durakkordes oder irgend eines Mollakkordes heraus und verbindet sie durch Strecken miteinander, *so erhält man stets ein allgemeines Dreieck*. Wie wunderbar! Alle anderen Akkorde jedoch, (die nach landläufiger Meinung nicht so wohlklingend sind wie Dur- oder Mollakkorde) ergeben andere Dreiecke. Die Dur- und Mollakkorde entsprechen also umkehrbar eindeutig den allgemeinen Dreiecken, die sich aus den genannten zwölf Punkten bilden lassen. Wenn es noch eines Beweises für die Harmonie des allgemeinen Dreieckes bedurft hätte: Hier ist er! Wohl kaum etwas vermag die zentrale Stellung und edle Schönheit des Terganschen Dreieckes so überzeugend deutlich zu machen wie dieser beglückende Zusammenhang.

Alphabetisches Zahlenverzeichnis

Ein Werk von seltenem poetischen Reiz darf nicht unerwähnt bleiben. Ich meine die alphabetisch angeordnete Tabelle der ganzen Zahlen von 0 bis 1000, herausgegeben vom M.I.T. in Cambridge, Mass. [33]. Dieser grundlegende Beitrag zur Fundierung der Zahlentheorie füllt eine Lücke, die von niemandem schmerzlich vermißt wurde. Der Anfang dieser Tabelle sei hier wiedergegeben:

    eight
    eight hundred
    eight hundred eight
    eight hundred eighteen
    eight hundred eighty
    eight hundred eighty-eight
    eight hundred eigthy-five

usw. Eine nicht geringe ästhetische Befriedigung besteht darin, daß dieses nützliche Lexikon endet mit – na, womit wohl? Ja, natürlich, daß es mit »zero« endet. Nun ist Jedermann in der Lage, immer dann, wenn er eine Zahl von 0 bis 1000 benötigt, sie in diesem Lexikon an der richtigen Stelle zu finden.

Auch deutsche Gelehrte konnten sich dem herben Charme dieser Aufgabe nicht entziehen und warfen den Riemen auf ihre Computer. So entstanden mehrere deutschsprachige Listen, beginnend mit den trefflichen Worten: »acht, achthundert, achthundertacht...« Für ihre Zusendungen danke ich allen herzlich. Die ersten waren die Schüler des Oberstufengymnasiums Oberzwehren (OSGO) in Kassel, irregeleitet von ihrem Lehrer J. Pohl.

Einmal wachgerüttelt, gelang ihnen ein weiteres Werk von edler Einfalt und stiller Größe. Beim ersten Lesen bekam ich fast einen Kinnladenkrampf. Und zwar haben sie eine Liste aller Zufallszahlen von 1 bis 1000 erstellt, aber – und das ist die einschneidende Neuerung – zum leichteren Auffinden in natürlicher Reihenfolge angeordnet: 1, 2, 3, ..., 1000. So übersichtlich sah man Zufallszahlen noch nie! Das nervtötende Suchen im üblichen Durcheinander ist nun ein für alle Mal vorbei. Wir blicken mit Hochachtung auf die jungen Forscher! Und Angst, was sie als nächstes tun werden.

Sprachstil: Rotkäppchen

Es ist sicherlich überraschend, welche unvermuteten Querverbindungen unsere Wissenschaft zum Volksgut der Sagen und Hausmärchen aufweist. Es gibt zwar viele Studenten, die der Meinung sind, daß dies nicht extra betont zu werden braucht, da in der Mathematik eh alles verhext ist, doch enthält gerade der folgende Beitrag einen erzieherischen Schlenker, der schon so manchem Studenten die Tränen der Rührung in die Schuhe schob.
Die nachfolgende mathematische Rotkäppchenfassung findet man neben vielen anderen »Rotkäppchen« (amtlich, chemisch, theologisch usw.) in dem amüsanten Büchlein von H. Ritz [36]: »Die Geschichte vom Rotkäppchen«:

Rotkäppchen
wie es der Mathematiker seinen unmündigen Kindern zur Nacht erzählt.

Von Friedrich Wille, unter tätiger Mithilfe von Viola Gramß, Karin Langlotz, Jutta Viering, einer Examensfeier, etlicher Biere, später Abendstunde und ohrenbetäubender Musik.

Es war einmal ein Mädchen, dem wurde eineindeutig eine rote Kappe zugeordnet, wodurch es als Rotkäppchen definiert wurde.
»Kind«, argumentierte die Mutter, »werde kreativ, mathematisiere die kürzeste Verbindung des Weges zur Großmutter, analysiere aber nicht die Blumen am Wege, sondern formalisiere deinen Weg in systematischer Ordnung.«
Rotkäppchen vereinigte einen Kuchen, eine Wurst und eine Flasche Wein zu

einer Menge, hinterfragte nochmal den Weg und ging los. Im Walde schnitt ihr Weg den Weg eines Wolfes. Er diskutierte mit ihr über die Relevanz eines Blumenstraußes für die Großmutter und motivierte sie, einen geordneten, höchstens abzählbaren Strauß zu verknüpfen. Inzwischen machte der Wolf die Großmutter zu einer Teilmenge von sich.
Als Rotkäppchen dann ankam, fragte sie: »Großmutter, warum hast du so große Augen?«
»Ich habe gerade mein Bafög erhalten!«
»Großmutter, warum hast du so große Ohren?«
»Ich habe versucht, Prüfungsfragen durch die Tür zu erlauschen!«
»Großmutter, warum hast du einen so großen Mund!«
»Ich habe gerade versucht, das Mensaessen zu schlucken!«
Daraufhin machte sich der Wolf zur konvexen Hülle von Rotkäppchen.
Ein Jäger kam, sah eine leere Menge von Großmüttern im Haus und problematisierte die Frage, bis sie ihm transparent wurde.
Dann nahm er sein Messer und machte aus dem Wolf eine Schnittmenge. Die im Wolf integrierten Personen wurden schleunigst von ihm subtrahiert. Zum Wolf wurde eine mächtige Menge von Steinen addiert. Er fiel in einen zylinderförmigen cartesischen Brunnen, bis seine Restmenge nicht mehr lebte.

Neue Mathematik

Schüler, Eltern, Großeltern, Lehrer, Eltern von Lehrern, Großeltern von Lehrern – alle sind sie in den letzten Jahren durch die Mengenlehre gestresst und verblüfft worden. Welche Fortschritte die neue Mathematik aber mit sich bringt, wird besonders an folgender Aufgabe klar:

Ein Menge Kartoffeln

Eine Aufgabe im Wandel der Zeiten:
- 1950: *Ein Bauer verkauft einen Sack Kartoffeln für 20 Mark. Die Erzeugungskosten betragen $^4/_5$ des Erlöses. Wie hoch ist der Gewinn?*
- 1960: *Ein Bauer verkauft einen Sack Kartoffeln für 20 Mark. Die Erzeugungskosten betragen 16 Mark. Berechne bitte den Gewinn!*
- 1970: *Ein Bauer verkauft eine Menge Kartoffeln (K) für eine Menge Geld (G). G ist die Menge aller Elemente g, für die gilt: g ist eine Mark. In*

Strichmengenform müßtest du für die Menge G »zwanzig« (/////////////////////) Strichlein machen, für jede Mark eines. Die Menge der Erzeugungskosten (E) ist um »vier« (////) Strichlein weniger mächtig als die Menge G. Zeichne das Bild der Menge E als Teilmenge der Menge G und gib die Lösungsmenge (L) an für die Frage: Wie mächtig ist die Gewinnmenge?

– 1980: *Ein Bauer verkauft einen Sack Kartoffeln zum Preis von 20 Mark. Der Gewinn beträgt $^1/_5$ gleich 4 Mark. Unterstreiche das Wort »Kartoffeln« und diskutiere mit deinem Nachbarn darüber.*

Gerade nach Aufgaben dieser Art ist es schmerzlich, daß es immer noch viele Gegner der Mengenlehre, ja der Mengen überhaupt gibt. Gegen die Klasseneinteilungen und die Unterdrückung der Untermengen wird aber glücklicherweise etwas unternommen. Dies geht aus dem Aufruf auf S. 91 hervor, der durch eine deutsche Universität flatterte und von Herrn Kollegen L. Profke gerettet wurde. Falls der oder die Autoren sich finden, bitte ich sie, mir zu schreiben. Denn ihnen gebührt das Verdienst, den Finger auf die Wunde gelegt zu haben, die die Untermengen seit Jahren auslöffeln.

Brecht die Mächtigkeit der Mengen!

Weshalb sollte sich ein Mathematiker hinter die Mannigfaltigkeit der Fahnen stellen?
Welchen Bezug hat die Mengenlehre zur Revolution?
Ein Mathematik-Professor hat einmal gesagt: »Niemand soll uns aus dem Paradies der Mengenlehre, das uns Cantor geschaffen hat, vertreiben können.« Durch diesen zynischen Ausspruch entlarvt er sich selbst. Er (es war Hilbert) und auch die anderen Professoren meinen damit, daß sie die totalitären Herrschaftspositionen, die sie mit Hilfe der hierarchischen Struktur der Mengenlehre behaupten, nicht aufgeben wollen.
Cantor, der Begründer der Mengenlehre im Zeichen des aufkommenden Kapitalismus, hat ihre system-immanenten Widersprüche noch diskutiert. *Heute* spricht keiner mehr davon. Sie werden totgeschwiegen oder verharmlost. Warum? Weil ihre Entlarvung zum Zusammenbruch des durch repressive Toleranz gekennzeichneten Herrschaftssystems der KLASSEN führen würde. Auch verzweifelte Winkelzüge, wie etwa Behauptungen über Unentscheidbarkeit etc. können darüber nicht hinwegtäuschen.
Der faschistoide Charakter der Mengenlehre manifestiert sich z.B. dadurch, daß Mengen BELIEBIGER MÄCHTIGKEIT zugelassen werden. Hinzu kommt die Verwendung der repressiven AUSWAHLFUNKTION, die praktisch einem numerus clausus gleichkommt. Was passiert eigentlich in den NICHT-OFFENEN Mengen? Diese sind reif für ein Go-in.
Schon heute diskutieren junge Arbeiterinnen und Arbeiter im Rosa-Institut über den Aufbau einer sozialistischen, noch demokratischeren Mengenlehre, in welcher insbesondere mit dem kapitalistischen WAHRHEITSBEGRIFF aufgeräumt wird.
CAR l'UNIVERSE MATHEMATIQUE EST UN MODELE NON STANDARD DE LA REVOLUTION!
Wir fordern:
1. Sozialisierung aller Mengen der Mächtigkeit $\geq \aleph_0$.
2. Durchführung transparenter Entscheidungsverfahren.
3. Abschaffung des Auswahlprinzips.
4. Mitbestimmung aller Elemente bei Strukturfragen.
5. Verzicht auf alle Klasseneinteilungen.
6. Auflösung der auflösbaren Gruppen, mit Ausnahme der Basisuntergruppen.
7. Freilassung aller gebundenen Variablen.

SOLIDARISIERT EUCH MASSENHAFT! Verhindert abstrakte Konstruktionen, die Euch mit Polizeiknüppeln aufgezwungen werden sollen! Dualisiert die reaktionären Rechtsmoduln!
Merke: RADIKALE ERZEUGEN EINEN AUFLÖSBAREN KÖRPER!

Herausgegeben vom Komitee der Untermengen

ANHANG 1

Das Mückenproblem

von Hermann Hundertstich

»Meine Großmutter glaubt, daß es unendlich viele Mücken auf der Erde gibt!«
An einem wunderschönen warmen Sommernachmittag lagen wir auf den Schillerwiesen in Göttingen, als mein Freund diese schicksalsschwere Bemerkung machte. Unser stilles und friedliches Vor-uns-hin-träumen wurde dadurch jäh unterbrochen. Schon länger war uns aufgefallen, daß unser Freund einen nachdenklichen, leicht melancholischen Zug um den Mund hatte. Nun wußten wir, warum: Seine Großmutter glaubt, daß es unendlich viele Mücken gibt.
Zunächst versuchten wir ihn damit zu trösten, daß seine Großmutter sicherlich meinte, es gäbe eine *sehr große* Zahl von Mücken. Doch er verneinte dies entschieden und sagte:
»Ich habe genauestens nachgefragt. Meine Großmutter meint in der Tat, daß es unendlich viele Mücken auf der Erde gibt, d. h. daß man bei einem etwaigen Durchzählen der Mücken jede noch so große natürliche Zahl überschreiten würde. Anders ausgedrückt: Wähle ich eine noch so große natürliche Zahl n aus, so gibt es doch noch mehr Mücken auf der Erde, als diese Zahl angibt. Ich habe den Sachverhalt gegenüber meiner Großmutter zwar in anderen Worte gekleidet, doch ging aus ihren Worten eindeutig hervor, daß sie die eben genannte Vorstellung hat, kurz, daß sie glaubt, es gibt unendlich viele Mücken.«

Wir waren zunächst ziemlich ratlos, wie man die Großmutter wieder auf die rechte Straße führen könne. Schließlich meinte ich:
»Wir müssen eine obere Abschätzung für die Anzahl der Mücken finden.«
Gesagt, getan! Mein Freund hatte auch gleich einen Ansatz:
»Wir denken uns die Masse sämtlicher Mücken der Erde gegeben. Diese dividieren wir durch die kleinstmögliche Masse, welche eine Mücke haben kann. Das Ergebnis ist eine Zahl, die größer oder gleich der Anzahl aller Mücken der Erde ist. Damit ist die Anzahl der Mücken endlich.«
Das war sicherlich genial. Aber woher wissen wir die Gesamtmasse aller Mücken? Müssen wir dazu nicht die Anzahl der Mücken schon kennen, einschließlich der Masse jeder Mücke auf der Erde?

Wir wollten schon aufgeben, da war es wieder mein Freund, der uns aus der Patsche half:
»Paßt auf! Wir nehmen einfach die Masse der Erde an Stelle der Gesamtmasse aller Mücken. Die Erdmasse ist in jedem Lexikon nachzuschlagen. Da die Mücken auf der Erde leben, muß die Mückengesamtmasse kleiner als die Erdmasse sein. Könnt ihr folgen? Dividieren wir nun die Erdmasse wieder durch die minimale Mückenmasse (abgekürzt MMM), so erhalten wir eine Zahl, die größer als die Anzahl der Mücken der Erde ist. Die gesuchte Abschätzung der Mückenzahl ist gefunden.«
Stolz sah er uns an. Wir fanden zwar seine Abschätzung ziemlich grob und bezweifelten sehr, ob sie von praktischem Wert sei, doch erklärte er uns, daß es hier ja um einen *Existenzbeweis* gehe, d. h. lediglich um die Endlichkeit an sich, nicht um die Bestimmung der Zahl der Mücken.
Dies ließen wir gelten, und von unseren besten Wünschen begleitet fuhr mein Freund in die Semesterferien zu seiner Großmutter.

Ganz traurig und niedergeschlagen kam er jedoch wieder: »Meine Großmutter glaubt immer noch, daß es unendlich viele Mücken auf der Erde gibt.«
»Ja, hast du ihr denn nicht unsere Abschätzung angegeben?« fragten wir.
»Doch, aber das hat sie nicht überzeugt. Nach meinen Erläuterungen behauptete sie immer noch, es gäbe auf der Erde unendlich viele Mücken.«
Jetzt saßen wir fest. Es ist immer schmerzlich, wenn es nicht gelingt, einen offenbar irregeleiteten Mitmenschen auf den rechten Weg zurückzubringen. War dies einfacher Altersstarrsinn, waren es die Folgen einer unglücklich verbrachten Kindheit, oder sollte etwa …?

Plötzlich sprang einer von uns auf, beglückwünschte meinen Freund zu seiner überaus intelligenten Großmutter und sagte:
»Auf deine Großmutter kannst du stolz sein. Da sie nichts von Physik versteht, wie ich annehme, hat sie natürlich sofort die Lücke in unserer Beweisführung entdeckt.«
»Welche Lücke?«
»Natürlich die Annahme einer Minimalmasse für Mücken! Ja, wer sagt uns denn, daß es überhaupt eine positive untere Schranke für die Massen der Mücken gibt?«
Wir sahen uns verblüfft an.

»Deine Großmutter,« so fuhr er fort, »muß folgendes gedacht haben:
Ich stelle mir vor, daß die erste Mücke, die ich betrachte, eine Masse von einem Gramm hat. Nun greife ich eine zweite Mücke heraus; es wäre mög-

lich, daß sie eine Masse von nur einem halben Gramm hat. Eine dritte herausgegriffene Mücke möge eine Masse von einem viertel Gramm haben, eine vierte von einem achtel Gramm usw. Ich nehme nun an, daß dieser Prozeß nie aufhört und daß dabei nach und nach jede Mücke auf der Erde erfaßt wird. Auf diese Weise hat jede meiner Mücken eine bestimmte positive Masse, es sind aber nach wie vor unendlich viele Mücken.

Die Masse aller Mücken wäre dann

$$1 + \frac{1}{2} + \frac{1}{4} + \frac{1}{8} + \frac{1}{16} + \ldots \text{ (Gramm)}$$

Schreibe ich mir die Summe der ersten beiden Zahlen hin, dann die Summe der ersten drei Zahlen, dann der ersten vier usw., so erhalte ich nacheinander die Werte

$$\frac{3}{2}, \frac{7}{4}, \frac{15}{8}, \frac{31}{16}, \ldots$$

Keine dieser Zahlen ist größer als 2. Die Zahlen steigen aber nach rechts an und kommen dabei der 2 beliebig nahe.

Das berechtigt mich, die Gesamtmasse meiner unendlich vielen Mücken als 2 Gramm anzunehmen, ohne mich dem Gespött meines klugen Enkels auszusetzen.

Auf diese Weise wäre es denkbar, daß es unendlich viele Mücken gibt, deren Gesamtmasse aber nur lächerliche 2 Gramm beträgt.«

Zweifellos, eine erstaunliche Großmutter! Jetzt beglückwünschten wir alle unseren Freund zu dieser Ahnin, sodaß er ganz rot vor Stolz wurde.

Doch dann setzte sein nie rastender Geist wieder ein, denn er war nach wie vor davon überzeugt, daß es nur endlich viele Mücken auf der Erde gibt. Darum verkündete er:

»Wir müssen etwas mehr Physik hineinstecken! Auf Grund der bisherigen recht dürftigen Voraussetzungen ist das Problem mit rein logischen Mitteln offenbar nicht zu lösen.«

Sehr wahr! Dies war wieder einer der so seltenen kreativen Augenblicke, welcher die Menschheit vorwärts bringt. Eine physikalische Eigenschaft muß her, aber welche? Doch unser Freund, seiner Großmutter würdig, hatte einen Einfall:

»Es ist wohl unbestritten, daß jede Mücke aus Atomen besteht, die ihrerseits wieder aus Elementarteilchen bestehen, wie z. B. Elektronen. Wir können also voraussetzen, daß jede Mücke wenigstens ein Elektron enthält.

Die Masse einer Mücke ist somit größer oder gleich der Masse eines Elektrons.

Wir brauchen daher nur die Masse der Erde durch die Masse eines Elektrons zu dividieren. Damit erhalten wir eine Zahl, die größer als die Anzahl aller Mücken auf der Erde ist.«

In der Tat, so ist es! Wenn ihn so seine Großmutter sehen könnte, sie wäre stolz auf ihn.

Allerdings wurden wir auch hier das unangenehme Gefühl nicht los, daß die so errechnete Schranke ungeheuer groß ist und somit nur eine wenig brauchbare Abschätzung für die Anzahl der Mücken darstellt. Ihr Nutzen für die Biologie schien uns strittig zu sein. Darum versuchten wir die Abschätzung zu verbessern, indem wir annahmen, daß jede Mücke wenigstens ein Proton enthält. Diese Voraussetzung wurde allgemein anerkannt. Da die Protonmasse etwa 2000 mal so groß ist wie die Elektronmasse, ist der Quotient Erdmasse/Protonmasse um das ca. 2000-fache kleiner als der zuerst genannte Quotient Erdmasse/Elektronmasse. Somit haben wir eine 2000-fache Verbesserung erzielt, wenn wir die Mückenmasse durch den Quotienten Erdmasse/Protonmasse abschätzen.

Dieser Erfolg beglückte uns. Wo kann man schon in so kurzer Zeit eine 2000-fache Verbesserung erzielen?

Mit dem gewonnenen Ergebnis schickten wir unseren Freund wieder zu seiner Großmutter und zweifelten nicht daran, daß er sie mit diesem unantastbaren Beweis überzeugen würde.

Erst zehn Jahre später traf ich ihn wieder. Doch ich will nicht vorgreifen. In der Zwischenzeit berichtete ich nämlich mehrfach über das Mückenproblem, da wir alle wissen, daß wissenschaftlicher Fortschritt die dauernde Kommunikation verlangt.

Schließlich erzählte ich es auch bei der Hochzeitsfeier meiner Schwester unserer großen und weitverzweigten Familie. Ich erntete wohlwollendes Gelächter sowie gelegentliches Kopfschütteln über die uneinsichtige Oma. Die zuletzt entwickelte scharfe Beweisführung schien aber alle zu beeindrucken.

Ich hatte geendet, und es setzte eine kleine Pause ein. Da sagte einer meiner weißhaarigen Onkel plötzlich unvermittelt in die Stille:

»Und es gibt doch unendlich viele Mücken!«

Ich war baff! Mein Onkel erntete großes Gelächter mit seiner Bemerkung, wobei mich der leise Verdacht beschlich, daß er manchem Anwesenden aus der Seele gesprochen hatte, der aber seinerseits nicht den Mut hatte, die Dinge so klar auszusprechen wie mein Onkel. Potz Teufel! Welch ein Abgrund von Unlogik auch in meiner Familie, durchfuhr es mich. Dieser Schlag setzte mir heftig zu. Doch dann erholte ich mich langsam wieder und ging zum Nachtisch über (Birne Helene, sehr gut!).

Später traf ich dann meinen Studienfreund wieder. Ich sprach ihn gleich auf seine Großmutter an. Hatte sie unseren verfeinerten Beweisgang akzeptiert? Ich will ehrlich sein: Er wußte es nicht mehr genau. Doch schien er sich schwach zu erinnern, daß es ihm nicht gelungen war, seine Oma zu überzeugen.
Das machte mich stutzig! Nanu, sollte vielleicht ...? Es kann doch nicht sein! Die Beweisführung war doch wasserdicht! Hatte diese Großmutter, die wir schon einmal fürchten gelernt hatten, wiederum einen ihrer überraschenden Schläge gelandet? Nun sah ich auch meinen Onkel, den ich bisher belächelt hatte, in anderem Lichte. Sollten diese beiden weisen Alten ...?
Das schien mir unglaublich!

Doch unter diesem Eindruck begann ich das Problem noch einmal von vorne aufzurollen. Es ging darum zu beweisen, daß es nur endlich viele Mücken auf der Erde gibt.
Soweit, so gut!
Was heißt aber: »endlich viele Mücken«? Das bedeutet, volkstümlich gesagt: Wenn ich die Mücken nacheinander durchnumeriere, also einer Mücke die Nummer 1 gebe, der nächsten die Nummer 2, usw. dann komme ich irgendwann zu einem Ende. Es wird also eine letzte Mücke geben, welche dann die höchste Nummer trägt. Diese Nummer ist gleichzeitig die Anzahl der Mücken auf der Erde.
Hiermit ist gewissermaßen eine »Meßvorschrift« zur Bestimmung der Anzahl aller Mücken gegeben.
Läßt sich diese Vorschrift aber wirklich durchführen?
Natürlich nicht!
Was ist das aber für eine »Vorschrift«, die kein Mensch und auch keine Gruppe von Menschen jemals ausführen kann. Verdient ein solches Vorgehen überhaupt den Namen »Vorschrift«? Dies muß doch stark bezweifelt werden!
Nun könnte man nach anderen praktisch durchführbaren Vorschriften suchen, mit denen man die Mückenanzahl auf der Erde feststellen kann. Weiß jemand eine? Ja, glaubt jemand, daß man jemals eine praktische Methode angeben kann, mit der sich in endlicher Zeit die genaue Anzahl aller Mücken auf der Erde feststellen ließe?
Wohl kaum! Ich wage daher zu behaupten, und damit treffe ich wahrscheinlich den zentralen Einwand unserer bewundernswürdigen Oma, daß man keine solche Vorschrift erfinden kann!
Was nun? Versuchen wir einmal, die Dinge in mehr mathematische Sprache zu übersetzen. Ob das weiterhilft?

Wir dürfen sagen, daß die Menge der Erdmücken endlich ist, wenn es eine natürliche Zahl gibt, die gleich der Kardinalzahl der Menge aller Mücken auf der Erde ist.
»Wenn es eine natürliche Zahl gibt« – was soll das heißen?
»Wenn man eine natürliche Zahl finden kann, die gleich der Kardinalzahl der Menge aller Mücken auf der Erde ist«, so wird auch häufig formuliert.
Nun haben wir aber gesehen, daß man kein praktisches Verfahren angeben kann, um eine solche Zahl zu *finden*! Was heißt es aber, *es gibt* eine solche Zahl, wenn kein Konstruktionsverfahren dafür angegeben werden kann, wenn sie uns also ewig verborgen bleibt?

Teufel, Teufel! Das ist ein harter Brocken! Hut ab vor euch, Onkel und Großmutter!
Man kann nämlich durchaus die Meinung vertreten, daß Dinge, welche die Menschen niemals wissen werden und die in alle Zeiten hinein weder konstruierbar noch meßbar sind, nicht existieren. Denn in welchem Sinne sollten sie dann *existieren*? Dies ist wirklich kaum einzusehen.
Ein solches »Ding« ist aber die »Anzahl der Mücken auf der Erde«, obwohl es schon schwerfällt, diesen Begriff überhaupt noch auszusprechen.

Der *konstruktivistische* Standpunkt, den Großmutter und Onkel hier offenbar einnehmen, ist durchaus nicht der einzig mögliche in Wissenschaft und Philosophie, aber er ist *legitim*! Eine ganze Richtung der Mathematik zu Anfang dieses Jahrhunderts entwickelte sich aus diesem konstruktivistischen Grundgedanken.
Wir haben also gezeigt, daß die Aussage: »Man kann eine natürliche Zahl finden, die gleich der Kardinalzahl der Mückenmenge ist«, vom konstruktivistischen Standpunkt aus *nicht zutrifft*. In diesem Sinne ist die Menge der Mücken auf der Erde also *nicht endlich*!
Ja, da soll doch …! Was ist denn nun? Lautet nun nicht die Folgerung: »Also ist die Menge der Mücken unendlich?«
Das geht aber auch nicht. Unsere heile Welt der Mathematik, in der alle Aussagen in wahre und falsche eingeteilt werden können, wird durch den Konstruktivismus jäh zerstört. Wir haben einen dritten Fall neben »wahr« und »falsch« zu berücksichtigen. Er heißt: »Es ist nicht entscheidbar.« Liegt der Fall bei den Mücken so? Ist die Frage wirklich unentscheidbar?
Im grellen Licht dieser scharfen Überlegungen kommen mir nun auch Zweifel an unserer früheren, ach so glücklich machenden Argumentation. Elektronmasse, Erdmasse – sie lassen sich ja gar nicht genau bestimmen. Die Erdmasse nimmt sogar ständig zu, durch Meteoriten- und Staubbefall.

Hier muß wirklich scharf nachgedacht werden, aber ich gestehe, diese Mükkenplage setzt mir arg zu. Konnte ich doch Onkel und Großmutter fragen, die offenbar auch bis hierher gekommen sind, aber durch irgendeinen Zusatz noch weiter gelangt sind, denn sie behaupten ja beide, es gäbe unendlich viele Mücken auf der Erde.
Klatsch! Wieder eine! Ich sitze zur Zeit auf meiner Terrasse, einen Schwarm Mücken um mich herum. Sie überfallen mich immer wieder. Klatsch! Wo war ich stehen geblieben? Ach, ja, gibt es unendlich viele – klatsch – Mücken oder nicht? Klatsch!
Klatsch?

Da, plötzlich kommt mir der Einfall: Natürlich gibt es *unendlich viele Mücken!*
Der Beweis ist – klatsch – ganz einfach: Soviele Mücken ich auch immer erledige, es kommt immer wieder eine neue, um mich pieken, klatsch. Oder mathematischer gesagt: Immer wenn ich n Mücken erledigt habe, wobei n eine beliebige natürliche Zahl ist, kommt mit Sicherheit noch eine weitere geflogen, um mich zu stechen.
Gibt es irgendjemanden, der daran zweifelt? Jeder, der schon einmal an einem Teiche, im Walde oder im Garten von Mücken umschwärmt war, wird mir sicher ebenso grimmig wie überzeugt zustimmen.
Die vorstehende Aussage, daß nach je n Mücken stets noch eine weitere kommt, beinhaltet aber exakt die Aussage, daß es *unendlich viele Mücken gibt*.

Alles ist klar! Die Großmutter meines Freundes wie auch mein ehrwürdiger Onkel haben recht. Durch ihr bohrendes Mahnen haben sie dazu beigetragen, daß das Mückenproblem über die Schranke der Generationen hinweg gelöst werden konnte.
Andererseits meint aber Einstein, daß das Weltall endlich sei. Folgt daraus nicht ...? Da soll doch ...! Hatte denn dieser Einstein keine Großmutter, die ihm zur rechten Zeit Vernunft beibrachte, ehe er seine verworrenen Ansichten in die Welt setzte?

Übungsaufgabe: Man führe die gleichen Überlegungen für Elefanten durch!

ANHANG 2

Das allgemeine Dreieck

von Bernhard Tergan[1])

Summary: The concept of the general triangle is introduced, the general triangle and its most important properties are described. This concept is a valuable aid for the teaching of geometry.

Nach dem LAUMEschen Spezialisierungsprinzip[2]) neigt der Lernende dazu, abstrakte Gesetzmäßigkeiten an konkreten Beispielen festzumachen und im Bedarfsfalle anhand der Beispiele zu rekonstruieren. Kühnhackl und Schloder[3]) weisen darauf hin, daß der Lernerfolg, nämlich die Sicherheit, mit der die allgemeine Regel reproduziert wird, wesentlich von der Art des kognifizierten Beispiels abhängt. Untersuchungen an Primarstufenlehrern haben gezeigt, daß eine formale Gesetzmäßigkeit oft besser behalten wird als die ihr zugrundeliegenden Voraussetzungen: Der Satz von Pythagoras[4] und der von der Winkelsumme im Dreieck[5] werden leichter wiedergegeben als die Tatsache, daß ersterer nur für rechtwinklige, letzterer hingegen für alle Dreiecke gilt.

In dieser Sicht scheint uns eine Untersuchung guter Beispiele dringend erforderlich, und dieser Aufsatz soll ein erster Schritt dazu sein. Er behandelt eine Situation, in der gute Beispiele besonders schwer zu finden und dabei gleichwohl außerordentlich wichtig sind, nämlich die Dreieckslehre in der elementaren Geometrie (vergl. auch das obige Beispiel!). Jeder, der einmal Elementargeometrie gelehrt hat, weiß um folgende Schwierigkeit: Man möchte einen Sachverhalt an einem spitzwinkligen Dreieck demonstrieren, zeichnet ein solches an die Tafel und stellt fest, daß man entweder ein rechtwinkliges oder ein gleichschenkliges Dreieck gezeichnet hat. Eben das hat man vermeiden wollen, damit nicht die Lernenden eine im Sinne des Laumeschen Prinzips zu enge Spezialisierung treffen.

---

1 Der Autor ist der Leiter des Brammer Instituts für pädagogische Innovation und Verfasser der Schrift: »Dreisatz in Manhattan – Kleines Brevierbüchlein zum zeitgemäßen Mathematikunterricht«.
2 P. F. Laume: Didaktik der Didaktik. Pabel Verlag, 1968.
3 E. Kühnhackl & A. Schloder: Bully, Offside, Penalty. Eine praktische Einführung in die ebene Geometrie.
4 Pythagoras: Über die Harmonie, die ein Dreiseit gewinnt, wenn zwei seiner Seiten einander perpendikulär werden. In: Beiträge zur Mathematik des Altertums, herausgegeben von H. Neschkowski, BJ, Mannheim.
5 Euklid: Zur Winkelsumme im Dreieck. Ebenda.

Der Frage, ob es überhaupt möglich ist, ein Dreieck anzuzeichnen, welches weder rechtwinklig noch gleichschenklig ist, scheint bisher nicht nachgegangen worden zu sein, wohl weil diese Frage dem Mathematiker lächerlich erscheint: Natürlich ist es leicht, ein solches Dreieck anzugeben. Die Praxis des Unterrichts zeigt aber, daß diese Antwort wirklichkeitsfremd ist:
Ein Dreieck mit den Winkeln 89°, 45°, 46° ist für den Unterricht nicht besser als ein gleichschenklig-rechtwinkliges. Es kommt für das Spezialisierungsprinzip nicht darauf an, ob das an die Tafel gezeichnete Dreieck wirklich rechtwinklig oder gleichschenklig ist, *wesentlich ist, ob es vom Lernenden als rechtwinklig bzw. gleichschenklig empfunden wird.* Darin liegt der oft übersehene Schlüssel zum guten Beispiel; wir wollen daher ein spitzwinkliges Dreieck im folgenden ein *allgemeines Dreieck* nennen, wenn es von einem befriedigend großen Anteil der Lernenden weder für rechtwinklig noch für gleichschenklig gehalten wird.

Zunächst gilt es also zu bestimmen, wann zwei Winkel in der Empfindung des Lernenden identifiziert werden. Dankenswerterweise hat Herr OStDir. Dr. Schrulle vom Chlodwig-Poth-Gymnasium in Bramme diesen Vorschlag aufgegriffen (seine Ergebnisse liegen in Kürze zur Veröffentlichung vor); einer seiner Studienreferendare hat in einem Feldversuch mit den Schülern der Klasse 11d des genannten Gymnasiums die Unterscheidungsfähigkeit von Schülern bezüglich ebener Winkel untersucht.

Dazu wurden den Schülern Winkelpaare vorgelegt, von denen sie spontan entscheiden sollten, ob es sich um gleiche oder verschiedene Winkel handelt. Die Ergebnisse sind in nachfolgender Tabelle dargestellt.

Unterschied der Winkel in Grad	0	1	2	3	4	5	6	7	8	9	10	11	12	13	14
Anzahl der Schüler, die die Winkel für gleich hielten	18	18	17	16	14	12	10	9	7	5	4	3	2	2	1

Zeichnet man diese Zahlen in einer Graphik auf (s. Treppenkurve), so erkennt man, daß die Werte *normalverteilt* liegen, und man kann die Standardabweichung[6]) berechnen: Es ergibt sich dafür

$$\sigma = 5{,}77.$$

---

[6] Unser besonderer Dank gilt Prof. Dr. Ungewiß vom Statistik-Kader des Mathematikkombinats Eriwan für seine freundliche Unterstützung in Fragen der Statistik.

Eine Faustregel der Statistik besagt nun, daß weniger als 1% der Fälle um 2,6σ oder mehr vom Mittelwert abweichen. Wir dürfen also davon ausgehen, daß wenigstens 99% aller Schüler (und das halten wir sehr wohl für einen befriedigend hohen Anteil!) zwei Winkel als verschieden erkennen, wenn diese sich um 15° oder mehr unterscheiden. Die Zahl 99% mag willkürlich gegriffen erscheinen, wir werden aber später sehen, daß aus ganz anderen Gründen ein höheres Signifikanzniveau nicht erreicht werden kann.

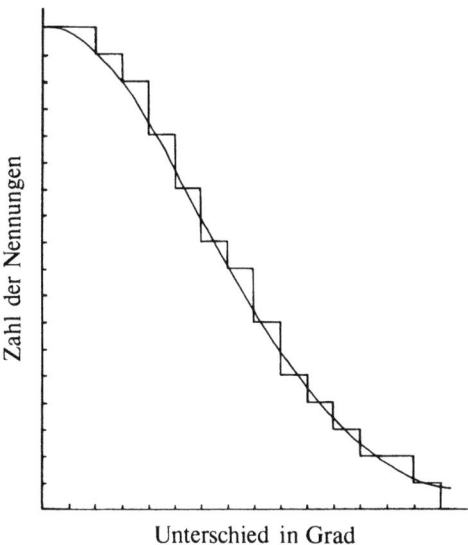

Wir wissen nun also genauer, wie wir das allgemeine Dreieck zu definieren haben: Ein spitzwinkliges Dreieck ist allgemein, wenn sich jeder seiner Winkel um wenigstens 15° vom rechten Winkel unterscheidet und sich je zwei seiner Winkel voneinander ebenfalls um mindestens 15° unterscheiden.

An dieser Stelle erlebte der Autor eine (und er kann nicht verhehlen: freudige) Überraschung. Betrachten wir nämlich die möglichen Formen des allgemeinen Dreiecks genauer, so ergibt sich folgendes:

Der größte Winkel im allgemeinen Dreieck ist um wenigstens 15° kleiner als der rechte, sein Wert möge also

$$\alpha = 75° - \delta \quad \text{für ein} \quad \delta \geqq 0 \quad \text{betragen.}$$

Der zweitgrößte Winkel, sagen wir β, ist wiederum um wenigstens 15° kleiner, wir erhalten also

$$\beta = 60° - \delta - \zeta \quad \text{für ein} \quad \zeta \geqq 0.$$

Der kleinste Winkel hat schließlich mit der gleichen Argumentation die Größe

$$\gamma = 45° - \delta - \zeta - \xi \quad \text{für ein} \quad \xi \geqq 0.$$

Berechnet man die Winkelsumme, so findet man

$$180° = \alpha + \beta + \gamma = 75° - \delta + 60° - \delta - \zeta + 45° - \delta - \zeta - \xi$$
$$= 180° - 3\delta - 2\zeta - \xi$$

woraus sofort $\delta = \zeta = \xi = 0°$ folgt.
Es ergibt sich also der

HAUPTSATZ: *Es gibt (bis auf Ähnlichkeit) genau ein allgemeines Dreieck; seine Winkel sind* 45°, 60° *und* 75°.

Fürwahr ein ästhetisch befriedigendes und zugleich angenehmes Ergebnis: Es ist nunmehr klar, was man zu tun hat, wenn man ein allgemeines Dreieck an die Tafel zeichnen will. Hinzu kommt, daß das allgemeine Dreieck eine Reihe von besonders erfreulichen Eigenschaften hat (der Leser möge selbst versuchen, solche herauszufinden). Eine davon ist, daß die Höhe auf der längsten Seite das allgemeine Dreieck in ein rechtwinkliggleichschenkliges Dreieck und ein Dreieck mit den angenehmen Winkeln 30°, 60° und 90° zerlegt. Wir werden dies unten noch benutzen.

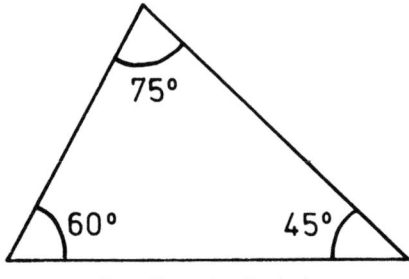

Das allgemeine Dreieck

Der Leser wird nun zu recht fragen, wie er eigentlich das allgemeine Dreieck an die Tafel zeichnen soll. Natürlich ist ja auch das allgemeine Dreieck auf seine Art speziell, und der Schüler darf, im Sinne des Laumeschen Prinzips, das allgemeine Dreieck auf keinen Fall als ein spezielles Dreieck identifizieren. Eine Konstruktion des allgemeinen Dreiecks, etwa mit dem Winkelmesser, muß daher unbedingt vermieden werden, es würde den beabsichtigten Effekt ja ins Gegenteil verkehren. Als Faustregel kann formuliert werden:

FAUSTREGEL: Das allgemeine Dreieck ist nur solange allgemein, wie es unauffällig gezeichnet wird.

Die Herren Kollega vom Studienseminar IV in Bramme waren so freundlich, die Verwendung des allgemeinen Dreiecks im Unterricht zu erproben. Von ihren demnächst erscheinenden Ergebnissen sei soviel vorweggenommen:

1) Ein Freihandzeichnen des allgemeinen Dreiecks ist auch bei guter Übung riskant; nur wenige Kollegen brachten es soweit, daß sie das allgemeine Dreieck auf Anhieb richtig zeichnen konnten.

2) Zu guten Ergebnissen führt das unauffällige Markieren der Eckpunkte an der Tafel. Bei Holztafeln genügt das Einschlagen und wieder Entfernen eines dünnen Nagels, bei Glastafeln kann der gleiche Effekt mit einer guten Bohrmaschine erzielt werden (wegen der Glasbruchgefahr sollte man dies vom Hausmeister vornehmen lassen). Diese Methode hat mehrere Nachteile: Erstens ist sie mit einem gewissen Arbeitsaufwand verbunden, und zweitens wurden in einigen Fällen die Markierungen von den Schülern bemerkt und durch das Anbringen weiterer Markierungspunkte konterkariert.
Es wurde bereits die Anregung gemacht, Schultafeln in Zukunft schon bei der Produktion mit einer unauffälligen Kennzeichnung des allgemeinen Dreiecks zu versehen.

3) In den meisten Fällen sind solche Vorbereitungen aber überflüssig, nämlich dann, wenn eine Tafel mit Karomuster zur Verfügung steht. In diesem Falle ist es sehr einfach, eine ausreichend gute Näherung des allgemeinen Dreiecks anzuzeichnen. Wir machen uns dabei die Tatsache zunutze, daß $4^2 + 7^2 = 65$, also annähernd gleich 8^2 ist. Damit erkennt man leicht, daß man auf folgende Weise eine gute Annäherung an das allgemeine Dreieck erhalten kann:

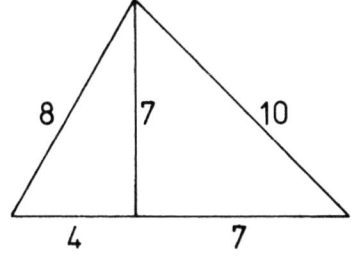

Eine gute Näherung

Man zeichne die Grundseite 11 Einheiten lang, errichte dann die Höhe über der Grundseite so, daß sie die Grundseite 4 : 7 teilt. Die Höhe wird 7 Einheiten lang gezeichnet, das Dreieck hat also die Eckpunkte (0,0), (11,0) und (4,7). Man sieht sofort (und verifiziert rechnerisch), daß dieses Dreieck nahezu exakt das allgemeine Dreieck darstellt. Versuche haben ergeben, daß man ohne viel Übung schnell in der Lage ist, das allgemeine Dreieck von den Schülern unbemerkt nach diesen Angaben zu zeichnen. Diese Näherung des allgemeinen Dreiecks hat den weiteren Vorteil, daß auch die anderen Seiten nahezu ganzzahlige Länge haben: Man erhält neben 11 die Werte 10 und 8 Einheiten. Der Flächeninhalt mit ca. 38,5 Quadrateinheiten hingegen wirkt auf die Schüler glaubwürdig allgemein. Der Autor ist der Ansicht, daß das allgemeine Dreieck in das Repertoire jedes Geometers gehört. Er ist für Erfahrungsberichte aus der Anwendungspraxis, aber auch für den Hinweis auf weitere Eigenschaften dieses mathematischen Objekts dankbar.

ANHANG 3

Das allgemeine Viereck

von Firlefanz U.M. Weg[1])

Nach der bahnbrechenden Arbeit von B. Tergan[2]) über »das allgemeine Dreieck« begann in der damit begründeten *Theorie der Allgemeinheit* eine stürmische Entwicklung. Diese stürmische Entwicklung besteht in der Arbeit von G.A. Jürgen[3]) über »das allgemeinste Dreieck«.
Doch auch andere Forschergruppen beginnen, angeregt durch diese Überlegungen, sich auf das Allgemeine zu spezialisieren, wie auf Allgemeinwissen, Allgemeingut, Allgemeinplätze, interdisziplinäre Allgemeinheiten und sonstige Gemeinheiten.
Auch die vorliegende Arbeit ist diesem Erbe verpflichtet. Und zwar ist es nun an der Zeit, Zeit zu investieren, um die Theorie des allgemeinen Dreiecks auf »allgemeine Polygone« zu übertragen. Nach dem »Kurzschrittprinzip« von T. Bonesteak[4]), welches frei übersetzt etwa lautet: »Lieber ein kurzer fester Schritt als ein Tritt in den Hintern« ist es jedoch naheliegend, die Prinzipien von Tergan zunächst vom Dreieck auf das Viereck zu übertragen. Es zeigt sich, daß hier schon ganz spezifische Schwierigkeiten auftreten, die im wesentlichen darauf beruhen, daß das Viereck eine Ecke mehr hat als das Dreieck.
Sind die von Tergan aufgestellten Prinzipien nun so leistungsstark, daß sie, im wesentlichen unverändert, uns auch beim Viereck zum Erfolg verhelfen können? Wenn wir die Tatsache beachten, daß ein Viereck Diagonalen hat (was oft übersehen wurde und worauf vor allem Z. Appelmus[5]) nachdrücklich hingewiesen hat), so dürfen wir tatsächlich mit freudiger Bewegung antworten: »Ja, sie können uns!«

1. Vierecke

Zunächst erhebt sich die Frage: »*Was ist ein Viereck?*«

Diese einfach klingende Frage erwies sich als erstaunlich vielschichtig, als wir in einer Umfrage herauszufinden suchten, wie die Antwort lautet. Von den 569 1/2 repräsentativen Antworten auf diese Frage (Die halbe Antwort kam so zustande, daß einer der Befragten erwiderte: »Großer Mist!« und wir nicht genau wußten, ob er das Viereck damit meinte oder seinen schmerzenden Zeh, den er erhalten hatte, als er uns vor das Schienbein trat), also von den 569,5 Antworten ergaben 317 das Quadrat. Tatsächlich konnte sich über die Hälfte der Befragten außer dem Quadrat kein Viereck denken!

198 der Personen gaben Würfel, Zigarrenschachteln, Fernsehapparate, Bungalows und Hochschulbauten an, also Gebilde, bei denen sorgfältige notarielle Nachzählung ergab, daß sie (mindestens) 8 Ecken haben. Ein ganz gewiefter unter den Befragten (Physiker) wollte nur den Tetraeder gelten lassen, ein zumindest sehr geistreicher Vorschlag.

Wenn wir von den 11 ungültigen Antworten einmal absehen (ein Existenzphilosoph meinte, es gäbe überhaupt kein Viereck, da in der Realität überhaupt keine Ecken existieren), so wurde von den übrigen eine Vielfalt ebener Figuren angegeben, aus der wir nachstehend einige Beispiele abgebildet haben (Fig. 1).

Fig. 1: Dies und das.

Um aus diesem Wirrwar herauszukommen, sind wir gezwungen, einen eigenen Weg zu gehen. Wir vereinbaren daher:

Unter einem *Viereck* verstehen wir im folgenden stets ein *ebenes konvexes Polygon mit genau vier (nichtausgearteten) Ecken* (s. Fig. 2).

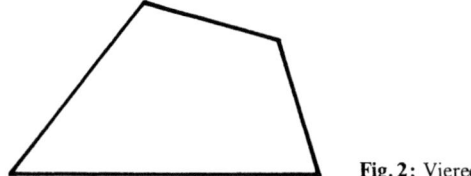

Fig. 2: Viereck

2. Allgemeine Vierecke

Allgemeine Vierecke sind nun, grob gesprochen, solche mit möglichst wenigen speziellen Besonderheiten, bei denen sich also jeder Eckwinkel vom rechten Winkel und von allen übrigen Eckwinkeln sichtlich unterscheidet, ferner Seiten und Diagonalen auf sichtbare Weise nicht parallel sind usw.

Wann kann man nun aber zwei Winkel als »sichtlich verschieden«*) bezeichnen, also dem Augenschein nach, ohne nachzumessen?
Hier stützen wir uns, wie Tergan, auf die empirischen Untersuchungen Dr. H. C. Schrulles[7]), der sich wie bisher intensiv der »Theorie des kleinen Unterschiedes« widmet. (Neuerdings versucht er sich an der Temperaturmessung ohne Thermometer, mit der Fingerprobe in heißem Wasser: Geht die Haut ab, so 80 Grad, löst sich der Nagel, so 100 Grad usw. Trotz recht genauer Resultate ist seine Arbeit ins Stocken geraten, da er mit verbundenen Händen so schlecht schreiben kann und sich andere Versuchspersonen unter oft fadenscheinigen Gründen zurückgezogen haben. Da diese Untersuchungen überdies mit dem Viereck überhaupt nichts zu tun haben, brechen wir ihre Erörterung hier ab und verweisen auf die Fachliteratur.[8])
Was nun die sichtbare Unterscheidung von Winkeln anbetrifft, so ist Tergan, gestützt auf Schrulle, auf folgendes Ergebnis gestoßen, welches wir zu einer Definition verdichten:

DEFINITION 1. *Zwei Winkel* sind genau dann *optisch verschieden*, wenn sie sich um mindestens 15° unterscheiden.

Und entsprechend: *Zwei Geraden* in der Ebene heißen genau dann *optisch nicht-parallel*, wenn sie sich unter einem Winkel von 15° oder mehr schneiden.

Wir wollen auch *zwei Geraden* als *optisch verschieden* bezeichnen, wenn sie sich unter einem Winkel von mindestens 15° schneiden.
Auf die empirische Stützung dieser Begriffsbildung an Hand von Schülern des Chlodwig-Poth-Gymnasiums in Bramme (bekannt durch seine neuerlich renovierte Veith-Klemm-Kapelle aus dem bayrischen Niederbarock) weisen wir nochmals hin, vgl. Tergan[2]).
Man könnte nun versucht sein, ein allgemeines Viereck dadurch zu definieren, daß seine Eckwinkel paarweise optisch verschieden sind, sich ferner vom rechten Winkel optisch unterscheiden und Seiten sowie Diagonalen sämtlich untereinander optisch nicht-parallel sind. Dies wird jedoch den Diagonalen noch nicht gerecht. Man muß vielmehr aufpassen, daß die Diagonalen nicht allzu spezielle Lagen einnehmen. Aber wie?
Hier hilft uns eine unbekanntere, aber beachtenswerte Arbeit von Z. Appelmus[5] weiter, der nach langjährigen Untersuchungen zu folgendem Resultat kam: »*Diagonalen sind keine Winkelhalbierenden!*« Appelmus konnte dies an

---
* »Verschieden« im Sinne von »unterschiedlich« und nicht von »gestorben«. Obwohl zweifellos mancher Schüler behauptet, für ihn wäre der Geometrieunterricht samt seinen Winkeln »gestorben«, widerspricht dies doch dem Satz von der »ewig lebendigen Mathematik, sodaß wir dies nicht akzeptieren können.

Hunderten von Vierecken aus aller Welt nachweisen, wobei auch Beispiele der Lakmus-Indianer und des Kikkilalla-Stammes aus Borneo herangezogen wurden.

Sein begabter Schüler O. Mehlwurm[6] verschärfte dieses Ergebnis zu folgender Aussage: »*Nicht jede Diagonale ist Winkelhalbierende!*«

Hier können wir anknüpfen. Dazu betrachten wir Fig. 3. Es wird klar, daß bei einem Viereck vor allem die Ecken mit den spitzen Winkeln ins Auge fallen, ja fast ins Auge stechen, da sie am weitesten herausragen. Wir müssen also fordern, wenn wir große Allgemeinheit anstreben, daß besonders in diesen Winkeln die Diagonalen von den Winkelhalbierenden optisch verschieden sind. Nach dem Knallemannschen Bescheidenheits-Prinzip[9]) (»Man fordere so wenig wie möglich und so viel wie fast gar nicht nötig«) wollen wir uns mit dieser Bedingung begnügen.

Nach diesen Vorbereitungen sind wir nun fähig und in der Lage zu erklären, was wir unter einem allgemeinen Viereck verstehen wollen.

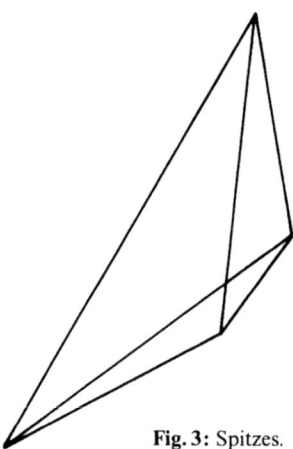

Fig. 3: Spitzes.

DEFINITION 2. Unter einem *allgemeinen Viereck* verstehen wir ein Viereck mit folgenden Eigenschaften:
(a) Jeder Eckwinkel unterscheidet sich optisch vom rechten Winkel wie auch von jedem anderen Eckwinkel.
(b) Jede Seite ist optisch nicht-parallel zu jeder anderen Seite sowie zu jeder Diagonalen.
(c) In jeder Ecke mit spitzem Eckwinkel unterscheidet sich die zugehörige Diagonale optisch von der Winkelhalbierenden.

Es soll nicht verschwiegen werden, daß die Bedingung (c) – die sogenannte »kleine Diagonalen-Forderung« – trotz ihrer plausiblen Motivation, etwas umstritten ist, wie sich auf der letzten »Tagung über Allgemeinplätze« in

Oberkohlfach[10]) herausstellte. Insbesondere russische Mathematiker wollen sie durch eine andere Forderung ersetzt wissen, die ihnen etwas allgemeiner klingt. Daß dies möglich ist, insbesondere wie diese alternative Bedingung lautet, werden wir am Ende der Arbeit erläutern. An dieser Stelle wollen wir diesen Ansatz noch verschweigen, um dem Leser nicht die Spannung zu nehmen.

3. Klassifizierung aller allgemeinen Vierecke

Wir schreiten nun zur vollständigen Klassifizierung aller allgemeinen Vierecke, wobei wir zunächst einige Lemmachen beweisen.

LEMMA 1. *Ein Viereck, welches Forderung (a) erfüllt, besitzt zwei spitze und zwei stumpfe Eckwinkel.*

BEWEIS. Die Eckwinkel des Vierecks seien α, β, γ und δ. Da sie paarweise verschieden sind, können wir sie o.B.d.A. folgendermaßen anordnen:

$$\alpha < \beta < \gamma < \delta.$$

Da die Winkelsumme im Viereck 360° beträgt, können nicht alle Winkel kleiner als 90° sein. Da überdies kein Winkel gleich 90° ist, ist wenigstens ein Winkel stumpf, d.h. für den größten Winkel δ gilt: $\delta > 90°$. Gäbe es keinen weiteren stumpfen Winkel unter den Verbliebenen, so wäre wegen der optischen Verschiedenheiten der Winkel von 90° bzw. untereinander:

$\gamma \leq 90° - 15° = 75°$, $\beta \leq \gamma - 15° \leq 60°$, $\alpha \leq \beta - 15° \leq 45°$, und $\delta < 180°$,

also

$$\alpha + \beta + \gamma + \delta < 75° + 60° + 45° + 180° = 360°,$$

was nicht sein kann. Also gibt es mindestens zwei stumpfe Winkel, d.h. $\gamma > 90°$ und $\delta > 90°$.

Entsprechend können nicht alle Winkel größer als 90° sein, da sonst die Winkelsumme größer als 360° wäre. Also gilt $\alpha < 90°$. Wäre nun β nicht spitz, so folgte wie oben

$\beta \geq 90° + 15° = 105°$, $\gamma \geq \beta + 15° \geq 120°$, $\delta \geq \gamma + 15° \geq 135°$, und $\alpha > 0°$,

also

$$\beta + \gamma + \delta + \alpha > 105° + 120° + 135° + 0° = 360°,$$

was unmöglich ist. β ist daher spitz, d.h. es gilt

$$\alpha < \beta < 90° < \gamma < \delta,$$

womit das Lemma bewiesen ist. –

LEMMA 2. *In einem Viereck, welches die Eigenschaften (b), (c) besitzt, ist kein Winkel kleiner als 60°.*

BEWEIS. In einer Ecke mit einem Winkel, der kleiner als 60° ist, wäre der Winkel zwischen Winkelhalbierender und jeder Seite durch die Ecke kleiner als 30°. Jede irgendwie eingezeichnete Diagonale durch diese Ecke würde sich also von der Winkelhalbierenden oder einer der Seiten um weniger als 15° unterscheiden, was optische Parallelität bedeutete, im Widerspruch zu (b) und (c). –

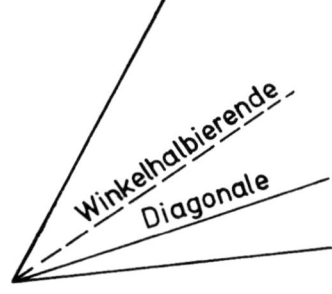

Die Aussagen der beiden Lemmata liefern uns nun folgendes fundamentale Winkellemma:

LEMMA 3. *Die Eckwinkel im allgemeinen Viereck sind*
$$60°, \ 75°, \ 105° \ \text{und} \ 120°.$$

BEWEIS. Da der kleinstmögliche Winkel 60° beträgt und sich die beiden spitzen Winkel voneinander, wie auch von 90°, um mindestens 15° unterscheiden müssen, kommen für die beiden spitzen Winkel nur 60° und 75° in Betracht. Damit folgt für die beiden stumpfen Winkel, die wir γ und δ nennen ($\gamma < \delta$), die Summe
$$\gamma + \delta = 360° - 60° - 75° = 225°.$$
Andererseits ist $\gamma \geq 90° + 15° = 105°$ und $\delta \geq \gamma + 15° \geq 120°$. Wären nun γ oder δ tatsächlich größer als 105° bzw. 120°, so wäre ihre Summe größer als 225°, was nicht sein kann. Also folgt $\gamma = 105°$ und $\delta = 120°$. –
Damit kann man nun erschöpfende Auskunft über die Lage der Winkel geben.

LEMMA 4. *Im allgemeinen Viereck gehören die beiden spitzen Winkel zu benachbarten Ecken und die beiden stumpfen Winkel auch zu benachbarten Ecken. Genauer:*
Die Winkel von 60° und 120° gehören zu gegenüberliegenden Ecken und die Winkel von 75° und 105° ebenfalls.

BEWEIS. Würden die Ecken mit den Winkeln von 60° und 120° nicht gegenüber liegen, so mußten sie benachbart sein. Da die Summe dieser Winkel aber 180° ist, wären in diesem Falle zwei gegenüberliegende Seiten parallel, s. Fig. 4. Dies ist aber im allgemeinen Viereck nicht erlaubt. Also liegen die Ecken mit den Winkeln von 60° und 120° gegenüber, womit alles bewiesen ist.

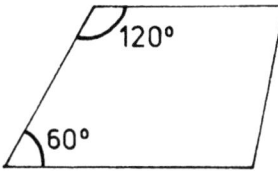

Fig. 4: Zum Beweis.

Mit diesem Lemma ist die Klasse der allgemeinen Vierecke hoffnungslos umzingelt. Wir können daher nun zur Konstruktion allgemeiner Vierecke schreiten, wobei wir folgendermaßen vorgehen.
Die Winkel in einem beliebigen allgemeinen Viereck bezeichnen wir, wie bisher, mit

$$\alpha = 60°, \ \beta = 75°, \ \gamma = 105°, \ \delta = 120°.$$

Die zugehörigen Ecken bezeichnen wir in entsprechender Reihenfolge mit

$$A, B, C, D.$$

Konzentrieren wir uns nun auf die Diagonalen. Die Diagonale durch A kann offenbar nur zwei Lagen einnehmen, nämlich im Winkel von 15° zur Seite AB oder im Winkel von 15° zur Seite AC, da sie sich sonst von der Winkelhalbierenden oder einer der genannten Seiten optisch nicht unterscheidet.
Somit kann es – bis auf Ähnlichkeit – höchstens zwei allgemeine Vierecke geben, die in Fig. 5 und Fig. 6 abgebildet sind.

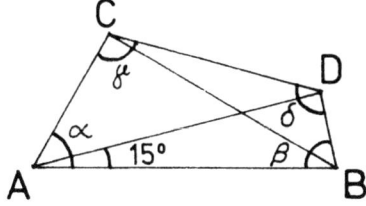

Fig. 5: Erster Versuch.

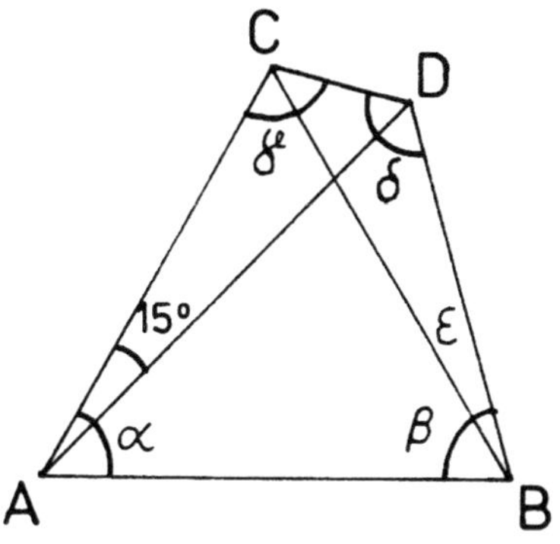

Fig. 6: Zweiter Versuch.

Der Figur 5 sieht man sofort an, daß es sich dabei um kein allgemeines Viereck handelt, da sich die Diagonale *BC* von der Winkelhalbierenden in *B* optisch nicht unterscheidet (Sie bildet mit ihr den lächerlich kleinen Winkel von 7,5°, wie man beweisen kann*).

Es bleibt also nur noch Figur 6 als Kandidat über. Sie ist unsere letzte Hoffnung und Stütze. Wird sie uns auch enttäuschen und uns in den Abgrund der leeren Menge stoßen, so daß alle vorangegangene Arbeit umsonst war und wir aus diesem Grunde das bisher Geschriebene lieber wieder überkleben wollen? (Es gibt für diesen Zweck übrigens neuerdings ein fabelhaftes Klebeband der Firma Dämmerschrei, welches seit kurzem auch farbig geliefert wird in rot, grün, türkis, lammbraun und pastellblau.)

Nein, wir lassen die Hoffnung nicht sinken! Offenbar kommt es auf den Winkel ε an. Wie groß ist er? Ist er kleiner als 15°, was alle unsere Hoffnungen auf ein allgemeines Viereck begraben würde, ist er größer als 15° oder noch größer. Nachmessen gibt keine genaue Auskunft, da die Strichstärke zu dick ist, die Lineale zu krumm sind, die Winkelmesser zu zerkratzt sind und überdies das Telefon klingelt.

Wir werden also ohne Zweifel einen Beweis antreten müssen. Die Frage lautet: »*Wie groß ist ε in Fig. 6?*« Schon an dieser Stelle wollen wir verraten, daß uns die Antwort entzückt hat, da sie den Allgemeinheitsgehalt unsrer Überlegungen in der schönsten Weise bestätigen wird. Um die Spannung nicht zu verderben, soll aber hier nichts weiter gesagt werden (Pssst!).

Tasten wir uns also vor zur Beantwortung der Frage. Zunächst beweisen wir dazu einen Hilfssatz von schlichtem Liebreiz.

HILFSSATZ: *Der Tangens von 15° ist* $2 - \sqrt{3}$, *in Formeln:*

$$\tan 15° = 2 - \sqrt{3}.$$

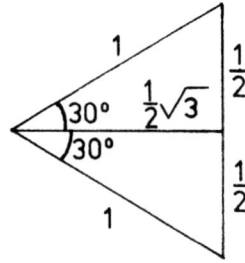
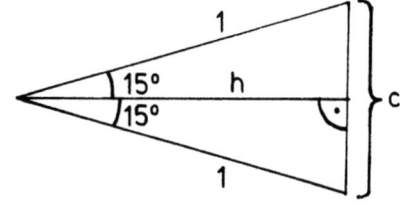

Fig. 7: Zu cos 30°.   **Fig. 8:** Zu tan 15°.

---

* Eine hübsche Aufgabe für unsere angehenden kleinen Geometer!

BEWEIS. Nach Fig. 7 ist $\cos 30° = \frac{1}{2}\sqrt{3}$. Damit folgt aus dem Cosinussatz an Hand von Fig. 8:

$$c^2 = 1 + 1 - 2\cos 30° = 2 - \sqrt{3}.$$

Die Höhe in Fig. 8 errechnet sich mit dem Lehrsatz des Pythagoras damit zu $\frac{1}{2}\sqrt{2+\sqrt{3}} = h$. Folglich

$$\tan 15° = \frac{c/2}{h} = \frac{\sqrt{2-\sqrt{3}}}{\sqrt{2+\sqrt{3}}} = \sqrt{\frac{(2-\sqrt{3})^2}{(2+\sqrt{3})(2-\sqrt{3})}} = 2 - \sqrt{3}. \ -$$

Wir zeichnen nun die Figur 6 in ein Koordinatensystem ein, wie es Fig. 9 zeigt. Wir interessieren uns vor allem für die Komponenten des Punktes C. Aus Symmetriegründen sind die Dreiecke ABD und ADP kongruent, womit die Strecke AP die Länge 1 besitzt, genau wie AB.

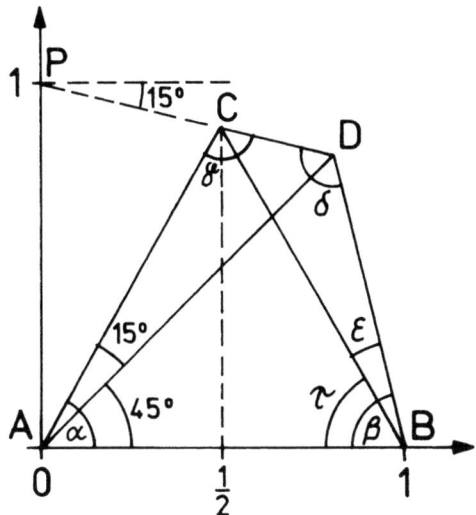

Fig. 9: Zu C und ε.

Die Gerade durch P und D wird daher auf Grund des Hilfssatzes durch

$$y = g(x) = -(2-\sqrt{3})x + 1$$

beschrieben, die Gerade durch A und C wegen $\tan 60° = \sqrt{3}$ durch

$$y = f(x) = \sqrt{3}x.$$

Der Schnittpunkt C dieser beiden Geraden hat damit die Komponenten $x = \frac{1}{2}$ und $y = \frac{1}{2}\sqrt{3}$:

$$C = \left(\frac{1}{2}, \frac{1}{2}\sqrt{3}\right).$$

C liegt also auf der Mittelsenkrechten der Strecke AB, das Dreieck ABC hat also bei A und B gleiche Winkel, d.h. $\alpha = \tau = 60°$. Hieraus erhalten wir $\varepsilon = \beta - \tau$, folglich

$$\varepsilon = 15°.$$

Heureka! Die Diagonale BC unterscheidet sich optisch von der Seite BD wie auch von der Winkelhalbierenden (und erst recht von AB), d.h. es sind alle Bedingungen des allgemeinen Vierecks erfüllt. Somit erhält man, ganz im Sinne Tergans, den Fundamentalsatz

SATZ 1. *Es gibt (bis auf Ähnlichkeit) genau ein allgemeines Viereck. Dieses hat die nebenstehende Gestalt.*

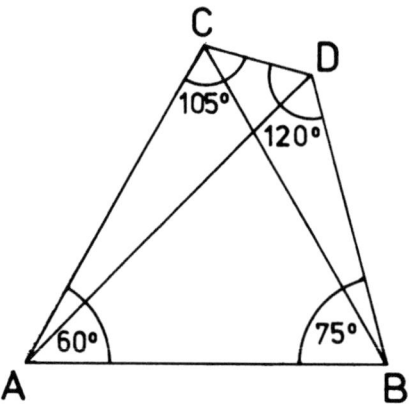

Fig. 10: Das allgemeine Viereck.

4. Allgemeine Eigenschaften allgemeiner Vierecke

Seien wir ehrlich: Satz 1 reißt uns nicht vom Stuhl. Nach der Terganschen Arbeit[2]) hat man dies Ergebnis mehr oder weniger erwartet.

Verblüffender ist, daß das allgemeine Viereck sehr viele allgemeine Eigenschaften besitzt, die auf Anhieb gar nicht erwartet werden. Es genügt gewissermaßen einem Prinzip, welches mein sehr geschätzter Kollege Nepomuk Holz und ich vor einiger Zeit aufstellten und welches seitdem unter dem Namen »Holz-Weg-Prinzip« bekannt geworden ist. Es lautet:

»*Allgemeines wird durch Allgemeines allgemeiner!*«

oder auf unseren Fall angewandt:

»*Je mehr allgemeine Teile, desto allgemeiner das Ganze!*«

Sehen wir uns daraufhin das allgemeine Viereck nocheinmal an und verlängern dabei die Seiten AC und BD noch bis zu ihrem Schnittpunkt P, s. Fig. 11.

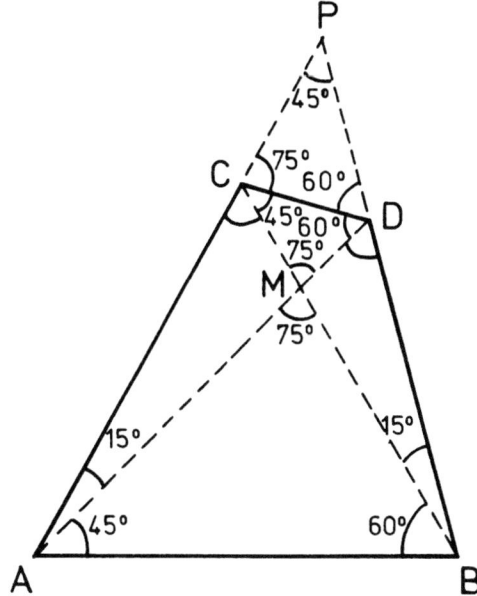

Fig. 11: Allgemeines am allgemeinen Viereck.

Was stellen wir fest? Es wimmelt in dieser Figur von allgemeinen Dreiecken: Die Seite CD schneidet oben ein spitzwinkliges allgemeines Dreieck PCD ab, die spitzwinkligen »Diagonaldreiecke« ABM und CDM sind allgemein, ADB ist spitzwinklig allgemein, alle auftretenden stumpfwinkligen Dreiecke sind allgemein im Sinne von Jürgen[3] und schließlich wird die ganze Figur eingehüllt in ein spitzwinkliges allgemeines (Terganches) Dreieck ABP.
Dies ist zweifellos sehr befriedigend.
Wir können daher den Schluß ziehen;

FOLGERUNG 1: *Im allgemeinen Viereck wimmelt es von spitzwinkligen allgemeinen Dreiecken.*

Dabei definieren wir: »*A wimmelt in B*« bedeutet, daß A in B in maximaler Anzahl vorkommt. Folgerung 1 läßt sich sogar zu folgendem Satz verschärfen:

SATZ 2. *Das allgemeine Viereck ist genau das Viereck, in dem es von spitzwinkligen allgemeinen Dreiecken (gebildet aus Seiten und Diagonalen) nur so wimmelt.*

BEWEISSKIZZE. Es sei *ABCD* ein Viereck, in dem es von spitzwinkligen allgemeinen Dreiecken wimmelt. Man macht sich klar, daß Seiten und Diagonalen nur 6 spitzwinklige Dreiecke miteinander bilden können, von denen zwei »Diagonaldreiecke«*) sind. Gehen wir bei der Viereckskonstruktion nun von diesen spitzwinkligen Diagonaldreiecken aus, so stellen wir fest, daß kein Eckwinkel des Vierecks kleiner als 60° sein kann (da ja drei Seiten ein allgemeines spitzwinkliges Dreieck bilden, aber im Winkel von 45° keine Diagonale möglich wäre), und gelangen nun mit einer Schlußkette ähnlich wie in Abschnitt 2 zum allgemeinen Viereck. In diesem treten genau 5 spitzwinklige allgemeine Dreiecke auf, was damit die Maximalzahl ist. –
Es liegt nun die Versuchung nahe, allgemeine Vierecke durch die elegante Maximaleigenschaft in Satz 2 zu definieren. Dieser Vorschlag wird auch von einigen Forschern hartnäckig gemacht. Doch liegt hier eine typische »didaktische Inversion« vor, weswegen wir uns nicht damit anfreunden können. Es würde auch die erhabene Aussage des Satzes 2 in eine läppische Definition verwandeln, was sehr schade wäre.
Ein ernster zu nehmender Vorschlag für eine neue axiomatische Grundlegung der Theorie des allgemeinen Vierecks wurde vor allem von russischen Mathematikern gemacht. Und zwar wurde zunächst gesagt:

»Ein Viereck kann nicht allgemein sein, wenn unter seinen Diagonaldreiecken nur stumpfwinklige vorkommen.«

Sie verdichteten dies zu folgender Forderung an das allgemeine Viereck:

(d) *»Unter den Diagonaldreiecken soll wenigstens ein spitzwinkliges allgemeines Dreieck sein.«*

Zusammen mit den Eigenschaften (a) und (b) aus Definition 2 wurde (d) zur »russischen Definition« des allgemeinen Vierecks benutzt. Es stellt sich heraus, daß man damit wieder zum Eindeutigkeitssatz (Satz 1) gelangt.
Man macht sich durch Fallunterscheidungen nämlich klar, daß aus (a), (b) und (d) wiederum folgt, daß der kleinste Eckwinkel mindestens 60° beträgt. Die übrigen Überlegungen entlang der Lemmata in Abschnitt 3 verlaufen analog. Also gilt der sogenannte »russische Eindeutigkeitssatz«:

---

* Wir nennen ein Dreieck »*Diagonaldreieck*« beim Viereck, wenn es aus zwei Diagonalen und einer Seite gebildet wird. Es gibt genau vier davon. Sie stoßen im Schnittpunkt der Diagonalen zusammen.

SATZ 3. *Es gibt (bis auf Ähnlichkeit) genau ein Viereck, welches (a), (b) und (d) erfüllt. Es ist das uns bekannte allgemeine Viereck.*

Damit kann nun die umstrittene »kleine Diagonalenforderung« (c), je nach Geschmack, durch (d) ersetzt werden, wobei (d) für manche Unverbildete natürlicher klingt. Denn wären alle Diagonaldreiecke stumpf, so wäre dies sicher unsozial gegenüber den spitzwinkligen. Übrigens könnten Schüler denken, es müßte so sein. Wenn wir aber schon verlangen, daß wenigstens ein Diagonaldreieck spitzwinklig zu sein hat, dann bitte schön auch »allgemein«, aus den von Tergan so treffend dargelegten Gründen.

Damit sind wir am Schluß angelangt. Es bleibt mir nur noch die Pflicht, meiner Schreibmaschine für die Herstellung des Manuskriptes zu danken, so wie Herrn Wiebrecht Bockel aus Iserlohn, der durch viele wertlose Hinweise, die er mir verschwiegen hat, manchen Fehler vermieden hat.

Literatur zu Anhang 3

1. F. Weg: Das allgemeine Viereck (s. vorangehende Seiten).
2. B. Tergan: Das allgemeine Dreieck. J. Math. Did. 1, 102–107, 1980.
3. G.A. Jürgen: Das allgemeinste Dreieck. Praxis d. Math. 23, 117–118, 1981.
4. T. Bonesteak: The short-step-principle and his applications. Moonlight Monthly 143, 687–688, 1971.
5. Z. Appelmus: Diagnose der Diagonalen, mit Dias und Diagrammen. Beilage zu den Leerheften der logischen Geographie, 2435, 124–376, 1912.
6. O. Mehlwurm: Bemerkungen zu einer Arbeit von Z. Appelmus zur Diagnose deutlicher Diagonalen. Anlage zu den Beilagen der Leerhefte der logischen Geographie, 2745, 25–412, 1923.
7. H.C. Schrulle: Der kleine Unterschied. Verlag Willibald Bärenfett, Wolfenhagen (Harz), 1978.
8. H.C. Schrulle: Naturmethoden bei der Messung physikalischer Größen. Zeitschrift für unveröffentlichte Schriften, Bramme, Bd. 4, 23–97, 1966.
9. B. Knallemann: (beim Umzug leider verloren gegangen).
10. Q. u. L. Hintermoser (Herausg.): Proc. Symposium on general places. Tagungsbericht der gleichnamigen Tagung in Oberkohlfach vom 1.4. (morgens) bis 1.4.1978 (abends).

ANHANG 4

Lösungen zu den Aufgaben

ZU KAPITEL III:

1) *Kreuz und Halbmond*

2) *Die Rote-Kreuz-Schwester*

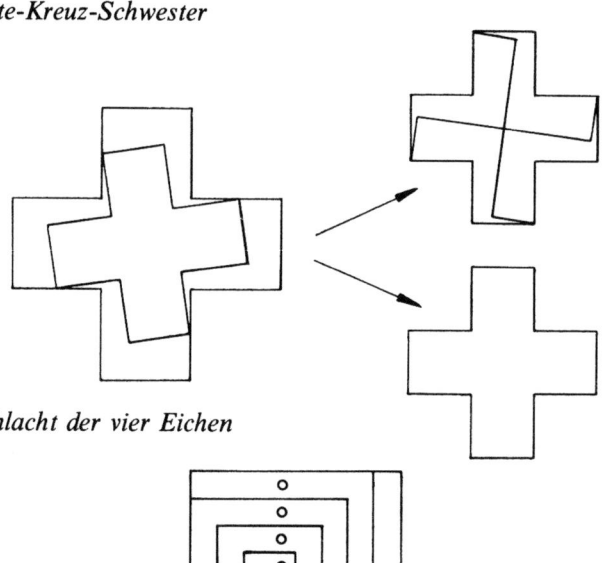

3) *Die Schlacht der vier Eichen*

4) *Der superschlaue Alec*

Loyd gibt folgendes an: Um das Rätsel mit so wenig Einzelstückchen wie möglich zu lösen, schneiden Sie zuerst die kleinen Dreiecke 1 und 2 (vgl. Abb.) ab und legen sie in die Mitte. Dann schneiden Sie die Zickzack-Stufen, rücken Nr. 4 eins weiter nach unten, und schon passen die vier Teile so zusammen, daß sie ein perfektes Quadrat bilden.

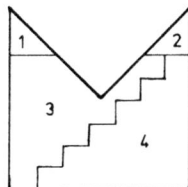

Dazu schreibt M. Gardner: Es entbehrt nicht *einer gewissen Ironie*, wenn dem großen Meister Loyd gerade bei dem Rätsel, in dem er den »superschlauen Alec«, der immer alles besser zu wissen glaubt, kritisiert, selbst ein *schwerer Irrtum* unterlief. Wie Henry Dudeney ausführlich erklärt (*Amusements in Mathematics*, Aufgabe Nr. 150), können nur Rechtecke, deren Seiten ein bestimmtes Verhältnis zueinander haben, durch die Stufen-Methode in Quadrate umgewandelt werden. In diesem Fall haben die Seiten des Rechtecks ein Verhältnis von 3 zu 4, wodurch eine Stufen-Umwandlung nicht möglich ist. Dudeney gibt eine saubere Fünf-Teile-Lösung an. Eine mit vier Teilen hat es nie gegeben.

Selbst Loyds etwas älteres Rätsel von der Bischofsmütze, bei dem es um das Zerschneiden der Mütze in vier Teile gleicher Größe und gleicher Form geht, kann nur auf unbefriedigende Weise gelöst werden, indem angenommen wird, daß Teile mit dem gleichen Buchstaben an ihren Ecken zusammengesetzt und daher als ein Stück bezeichnet werden! (s. linke Fig.)

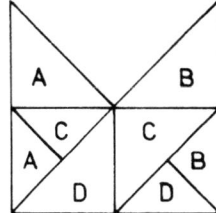 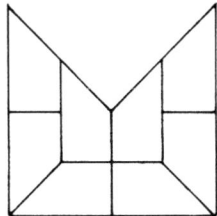

Loyd veröffentlichte aber auch die legitimere Achterteilung, die rechts dargestellt ist.

(Eine mögliche Lösung des ursprünglichen Problems ist unten angegeben. Man kann sie durch sukzessive Verwandlung der Bischofsmütze in ein Quadrat gewinnen, wie hier skizziert. F. W.)

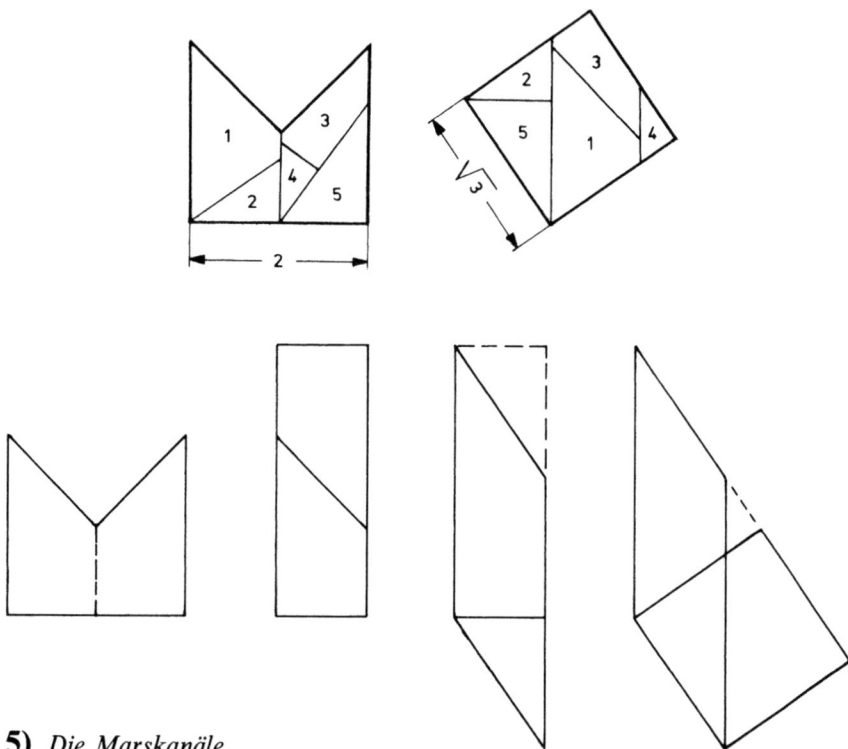

5) *Die Marskanäle*

Die 50 000 Leser, die der Meinung waren, daß es »keinen möglichen Weg gibt«, hatten das Rätsel alle richtig gelöst, denn das genau ist der Satz, der um den Planeten geht: »There is no possible way.«

6) Besteht die Bibliothek aus n Büchern, so gibt es ein Buch mit $n-1$ Worten, eins mit $n-2$ Worten usw., bis schließlich zu einem Buch ohne Worte. Anders sind die Angaben der Aufgabe nicht zu erfüllen. Das Buch ohne Worte ist damit inhaltlich beschrieben: Es steht nichts drin!

7) 47088
     +56181
     ─────
     103269

4 und 5 können auch vertauscht werden.

8) Alter der Kinder: 2, 2, 9. Warum? Es gibt acht Möglichkeiten, mit drei natürlichen Zahlen das Produkt 36 zu bilden. Bildet man die Summen der jeweiligen drei Zahlen, so kommt nur eine Summe doppelt vor, nämlich 13 = 2 + 2 + 9 = 1 + 6 + 6. Das muß die Hausnummer von Prof. Baba sein, weil er ja sonst nach Suzukis erster Angabe schon ausreichend informiert wäre. Bei 1,6,6 gibt es kein ältestes Kind. Also ist 2,2,9 die Lösung.

9) Lösung: $S = 17 = 4 + 13$, $P = 52 = 4 \cdot 13$. Lösungsweg:
Zur **ersten Aussage von Paul**: Paul kennt P, aber nicht S, also kann P nicht Produkt zweier Primzahlen sein.
Zur **zweiten Aussage von Simon**: S ist nicht als Summe zweier Primzahlen darstellbar, denn sonst könnte Simon nicht sicher sein, daß S aus P niemals ermittelt werden kann. Kandidaten für S sind also, von vorne beginnend:
$$11, 17, 23, 27, \ldots \text{ usw.}^1)$$
Zur **zweiten Aussage von Paul**: Da Paul S nun kennt, muß Paul die vorangehende Überlegung auch angestellt haben, und P die folgende Eigenschaft (I) besitzen:
(I) Es gibt genau eine Möglichkeit, P derart in zwei Faktoren a und b zu zerlegen, daß die Zahl $a + b$ nicht als Summe zweier Primzahlen darstellbar ist. (a und b sind dabei ganzzahlig ≥ 2 vorausgesetzt.)
Nach **Simons dritter Aussage** kennt Simon nun P. Daraus folgt, daß S folgende Eigenschaft (II) haben muß:
(II) Es gibt genau eine Möglichkeit, S so als Summe $c + d$ zu schreiben, daß $c \cdot d$ die Eigenschaft (I) hat. (c, d ganzzahlig ≥ 2).
Schließlich ergibt die **letzte Aussage Pauls**, daß S die **kleinste** Zahl der obigen Folge ist, die Eigenschaft (II) hat. Wir haben die Kandidaten der obigen Folge also der Reihe nach durchzuprüfen.
Beginnen wir: 11 hat Eigenschaft (II) nicht, denn es ist $11 = 7 + 2^2 = 3 + 2^3$, und man erkennt, daß sowohl $7 \cdot 2^2$ wie auch $3 \cdot 2^3$ die Eigenschaft (I) haben. 17 dagegen hat Eigenschaft (II), denn nur für die Zerlegung $17 = 4 + 13$ gilt, daß das Produkt der Summanden, $4 \cdot 13$, die Eigenschaft (I) hat. (Der Leser rechnet dies leicht nach.) Die Zerlegung $17 = 4 + 13$ für S ist damit auch die gesuchte, also folgt $P = 4 \cdot 13 = 52$.

---
[1]) Dies sind alle ungeraden Zahlen der Form $n = m + 2$, wobei m keine Primzahl ist (vorausgesetzt, daß die Golbachsche Vermutung gilt. Sie lautet: Alle geraden Zahlen ≥ 4 sind als Summe zweier Primzahlen darstellbar). Der Leser benötigt diese Überlegung für die Aufgabenlösung aber nicht, da er die Zahlen der Folge 11, 17, 23, …, so weit wie nötig, durch einfaches Probieren findet.

Bemerkung: Seit Erscheinen der 1. Auflage dieses Buches sind viele Zuschriften zu dieser Aufgabe gekommen, die zu der vorliegenden Neufassung geführt haben. Herr G. Niklasch hat mit dem Computer die ersten 13 Zahlen S mit Eigenschaft (II) berechnet. Sie lauten
17, 65, 89, 127, 137, 163, 179, 185, 191, 233, 247, 269, 305
Welchem Verteilungsgesetz sie folgen, ist bisher unbekannt.

10) Wir numerieren die Familienangehörigen von 1 bis 6 durch. Dann greifen wir 1 heraus. Diese Person muß mindestens drei andere lieben und von diesen geliebt werden. Würde 1 nämlich weniger als drei lieben, dann müßte 1 wenigstens drei Personen hassen, z.B. 4, 5 und 6. Diese müßten sich dann aber untereinander lieben, andernfalls würden zwei von ihnen, die sich hassen, mit 1 ein Hassdreieck bilden, was nicht sein kann. Da sich 4,5 und 6 aber nicht untereinander lieben können, nach Aussage des Vaters, folgt, daß 1 mindestens drei Familienangehörige liebt. Dies müßten sich dann aber untereinander hassen, da sonst zwei von ihnen mit 1 ein Liebesdreieck bilden. Das ist beides unmöglich.

11) Der Wohnungsnachbar des zwischen Liverpool und London wohnenden Schaffners kann nicht Dr. Hopkins aus Liverpool sein. Ebensowenig kommt Dr. Smith in Frage mit seinem Gehalt, das sich nicht genau durch 3 teilen läßt. Somit wohnt Dr. Watts als Nachbar des Schaffners zwischen Liverpool und London. Dann muß der Namensvetter des Schaffners, der in Newcastle wohnen soll, Dr. Smith sein. Der Schaffner heißt Smith, der Heizer nicht Hopkins, wie aus dem Billardspiel hervorgeht. Darum heißt der Lokführer Hopkins.

12) Diophant wurde 84 Jahre alt.

13) Roy wird 60 Jahre alt sein. Martha ist dann 64 Jahre alt. Zum Zeitpunkt, an dem die Geschichte spielt, ist Martha 20 Jahre alt und Roy 16.

14) Wenn sich die Fähren beim ersten Male treffen, haben sie zusammen gerade soviel Weges zurückgelegt, wie der Fluß breit ist. Wenn sie auf dem gegenüberliegenden Ufer ankommen, ist die von beiden Schiffen zurückgelegte Strecke gerade zwei Flußbreiten lang, und wenn sie sich auf dem Rückweg treffen, haben beide Schiffe zusammen die dreifache Breite des Algebrus durchfahren. Da die Geschwindigkeiten konstant sind, muß die Strecke, die jede Fähre beim zweiten Treffen zurückgelegt hat, genau dreimal so lang sein wie der Weg, den sie durchfahren hatte, als die Schiffe sich auf dem Hinweg trafen. Zu diesem Zeitpunkt hatte das von Hypothenusien kommende Schiff 420 Meter zurückgelegt. Das sind 1260 Meter, und das müssen gerade 260 Meter mehr sein, als der Fluß breit ist, denn beim zweiten Treffen war jene Fähre wieder 260 Meter vom abzissenländischen Ufer entfernt. Der Fluß ist also einen Kilometer breit.

15) Der Radius des Sees sei r. Die Jungfrau fährt einen Kreis um den Mittelpunkt des Sees mit einem Radius, der nur um wenig geringer ist als $r/4$. Der Strolch kann dann am Ufer nicht mithalten, denn auf besagtem Kreis kann die Jungfrau den Mittelpunkt des Sees schneller umrunden als der Strolch am Ufer. Somit kann sie auf dem Kreis an einen Punkt gelangen, der vom Strolch recht weit entfernt ist, nämlich um fast 5/4 des Radius r. Dies ist der Fall, wenn Jungfrau, Seemitte und Strolch auf einer Geraden sind, wobei der Seemittelpunkt zwischen Strolch und Jungfrau ist. Strebt sie nun zum Ufer, so ist sie eher dort, als der Strolch sein kann, wie eine leichte Rechnung zeigt.

17) FROHES NEUES JAHR

Literatur

Seriöse Versuche

[1] Alexandroff, P., Hopf, H.: Topologie I, N.Y., 1965.
[2] Freund, H., Sorger, P.: Aussagenlogik und Beweisverfahren. Verlag B.G. Teubner, Stuttgart, 1974.
[3] Engel, A.: Wahrscheinlichkeitsrechnung und Statistik. Band 1 und 2, Klett Studienbücher, 1973, 1977.
[4] Isaacson, E., Keller, H.B.: Analysis of Numerical Methods. J. Wiley a. Sons, N.Y., London, Sydney, 1969.
[5] Halder, H.-R., Heise, W.: Einführung in die Kombinatorik. C. Hanser-Verlag, München, Wien, 1976.
[6] Maak, W.: Fastperiodische Funktionen. Springer-Verlag, Berlin, Göttingen, Heidelberg, 1950.
[7] Wille, F.: Analysis, eine anwendungsbezogene Einführung. Verlag B.G. Teubner, Stuttgart, 1976.
[8] Wille, F.: Überdeckungen mit konvexen Mengen und nichtlineare Gleichungssysteme. Comm. Math. Helvetici 47, 273–288 (1972).

Unterhaltung, Denksport

[9] Delft, P. van, Botermans, J., Oker, E.: Denkspiele der Welt. Heimeran Verlag, München, 1977.
[10] Gardner, M.: Mathematische Rätsel und Probleme. 3. Aufl., Verlag F. Vieweg u. Sohn, Braunschweig, 1968.
[11] –: Logik unterm Galgen. Verlag F. Vieweg u. Sohn, Braunschweig, 1971.
[12] –: Mathematischer Karneval. 2. Aufl., Verlag Ullstein, Frankfurt/M. – Berlin, 1977.
[13] –: Kopf oder Zahl. Spektrum der Wiss. Verlagsgesellsch., 1978.
[14] –: Mathematische Knobeleien. Verlag F. Vieweg u. Sohn, Braunschweig, 1973.
[15] Haber, H.: Das Mathematische Kabinett. Folgen 1 und 2, Deutsche Verlags-Anstalt, Stuttgart, 1967, 1970.
[16] Lietzmann, W.: Lustiges und Merkwürdiges von Zahlen und Figuren. 11 Aufl., Vandenhoeck u. Ruprecht, Göttingen, 1982.
[17] Loyd, S., Gardner, M.: Mathematische Rätsel und Spiele. DuMont Taschenbücher, Nr. 66, Köln, 1978. Mit Genehmigung des Verlages DuMont wurden hieraus die Nummern 20, 49, 69 und 93 (in der vorliegenden Ausgabe Nummer 2, 3, 5 und 4) abgedruckt.
[18] –: Noch mehr mathematische Rätsel und Spiele. DuMont Taschenbücher, Nr. 85, Köln, 1979. Mit Genehmigung des Verlages DuMont wurde hieraus die Nummer 18 (in der vorliegenden Ausgabe Nummer 1) abgedruckt.
[19] Morris, I.: 99 neunmalkluge Denkspiele. Walter-Verlag Olten u. Freiburg i.Brsg., 1972. Mit Genehmigung des Walter-Verlages wurden hieraus die Nummern 13 und 78 (in der vorliegenden Ausgabe Nummer 13 und 8) abgedruckt.
[20] Ogilvy, C.S.: Mathematische Leckerbissen, über 150 noch ungelöste Probleme. F. Vieweg, Braunschweig, 1969.
[21] –: Unterhaltsame Geometrie. F. Vieweg u. Sohn, Braunschweig – Wiesbaden, 1976.
[22] Pétard, H.: A Contribution to the Mathematical Theory of Big Bame Hunting. American Math. Monthly 45, 446–447, 1938.
[23] Rademacher, H., Toeplitz, O.: Von Zahlen und Figuren. Heidelberger Taschenbücher, Springer-Verlag, Berlin-Heidelberg-N.Y., 1968.

[24] Sprague, R.: Unterhaltsame Mathematik; neue Probleme, überraschende Lösungen. F. Vieweg u. Sohn, Braunschweig, 1965.
[25] Steinhaus, H.: 100 Aufgaben. Verlag Harri Deutsch, Frankfurt/M. - Zürich, 1968.
[26] Tietze, H.: Gelöste und ungelöste mathematische Probleme aus alter und neuer Zeit. Becksche Verlagsbuchhandlung, München, 1964.
[27] Zweistein: 99 Logeleien. Hoffmann und Campe Verlag, Hamburg, 1968. Mit Genehmigung des Verlages Hoffmann und Campe wurden hieraus die Nr. 11, 55, 58, 54, 59, 61 (in der vorliegenden Ausgabe Nummer 6, 7, 10, 11, 12 und 14) abgedruckt.

Mundart

[28] Filser, J., Thoma, L. (Ludwig, W., Thoma, K.): Betrefs: Glassische und Gwandenschträuung fon fohnonen in Griesdahlen. Zeitschr. f. Physik 193, 384–388 (1966).

Verse

[29] Cremer, H.: Carmina Mathematica. Verlag J.A. Mayer, Aachen, 4. Auflage, 1972.
[30] Klen: Palmström als Programmierer. Carl-Hanser-Verlag, München-Wien, 1977.
[31] Wille, F.: Galerkins Lösungsnäherungen bei monotonen Abbildungen. Math. Zeitschr. 127, 10–16 (1972).

Graphisches

[32] Escher, M.C.: Grafiek en Tekeningen. Achte Auflage, Koninklijke Uitgeverij J.J. Tijl NV Zwolle, 1968.

Kompletter Unsinn

[33] M.I.T.: Alphabetic Number Tables, 0–1000. M.I.T., Cambridge, Mass., USA, 1972.

Parodien und Verwandtes

[34] Erckenbrecht, U.: Ein Körnchen Lüge, Aphorismen. 3. Aufl. Muriverlag, Emstal, 1983.
[35] Jürgen, G.A.: Das allgemeinste Dreieck. Praxis d. Math. 23, 117–118, 1981.
[36] Ritz, H.: Die Geschichte vom Rotkäppchen. Muriverlag, 10. Aufl. 3501 Emstal, 1992.
[37] Smith, A.B.: A Note on Piffles. American Math. Monthly Vol. 84, 566, 1977; und The Math. Gazette, Vol. 51, 149–150, 1967.
[38] Tergan, B.: Das allgemeine Dreieck. J. Math.-Didaktik 1, 102–107, 1980, und Praxis d. Math. 23, 48–51, 1981. (Vertiefende Auskünfte liefert B. Ganter, TH Darmstadt, FB Math.).
[39] Voluntas, R.: Das allgemeine Dreieck und die Musik. Praxis d. Math. 24, 17–101, 1982. (Zur Diskussion hierüber steht bereit: R. Wille, TH Darmstadt, FB Math.).
[40] Weg, F.U.M.: Das allgemeine Viereck. (s. Anhang 3), FB Math. der Gh Kassel, (Anfragen an F. Wille), 1978.
[41] Barnett, A.: Optimal Control of the B/B/C Queue. Interfaces, Vol. 8, No. 4., 49–52, 1978.
[42] Siegfried, J.J.: A first Lesson in Econometrics. Journal of Political Economy, 1378–1379, 1976.

Zeitschriften

Einige periodisch erscheinende Schriften enthalten stets Beiträge zur Unterhaltungs-Mathematik. Hier seien nur einige genannt:
Scientific American
American Mathematical Monthly
Spektrum der Wissenschaft (deutsche Version des Scient. Amer.)
Mathematical Intelligencer
Bild der Wissenschaft
Steuererklärung
Micky Maus

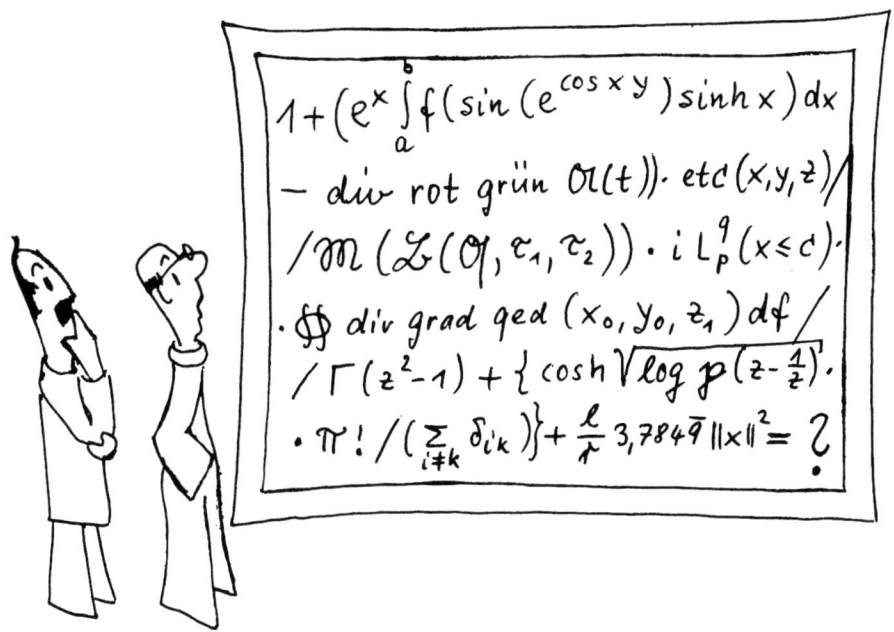

Sein letzter Wunsch war, daß wir dort weitermachen, wo er aufgehört hat.

Unterhaltsame Denksportaufgaben mit ausführlichen Lösungen

Heinrich Hemme
Der Mathe-Jogger 2
100 mathematische Rätsel
mit ausführlichen Lösungen
2011. 136 Seiten mit zahlreichen Abb., kart.
ISBN 978-3-525-40843-8

Heinrich Hemme
Der Mathe-Jogger
111 mathematische Rätsel
mit ausführlichen Lösungen
2010. 139 Seiten mit zahlreichen Abb., kart.
ISBN 978-3-525-40842-1

Heinrich Hemme
Die Hölle der Zahlen
92 mathematische Rätsel
mit ausführlichen Lösungen
2007. 136 Seiten mit zahlreichen Abb., kart.
ISBN 978-3-525-40841-4

Heinrich Hemme
Der zwölfbeinige Esel
93 mathematische Rätsel
mit ausführlichen Lösungen
2005. 128 Seiten mit zahlreichen Abb., kart.
ISBN 978-3-525-40840-7

Heinrich Hemme
Der Wettlauf mit der Schildkröte
100 mathematische Rätsel
mit ausführlichen Lösungen
2004. 132 Seiten mit zahlreichen Abb., kart.
ISBN 978-3-525-40740-0

Heinrich Hemme
Die Quadrate des Teufels
112 mathematische Rätsel
mit ausführlichen Lösungen
2005. 127 Seiten mit zahlreichen Abb., kart.
ISBN 978-3-525-40839-1

Vandenhoeck & Ruprecht